DICTIONNAIRE DE POCHE

DES

ARTISTES CONTEMPORAINS

PARIS. — TYP. SIMON RAÇON ET Cⁱᵉ, RUE D'ERFURTH, 1.

DICTIONNAIRE DE POCHE

DES

ARTISTES

CONTEMPORAINS

PAR

THÉODORE PELLOQUET

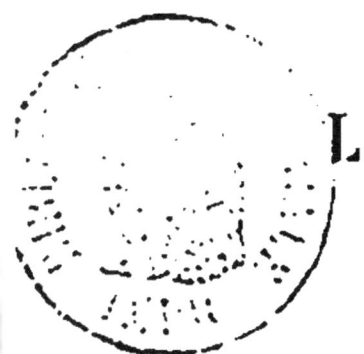

LES PEINTRES

PARIS

ADOLPHE DELAHAYS, LIBRAIRE-ÉDITEUR

4-6, RUE VOLTAIRE, 4-6

1858

AVANT-PROPOS

On ne parle plus guère des peintres et
des sculpteurs aujourd'hui. — On en par-
lait beaucoup autrefois, — à une époque
où l'art était tenu en haute estime par

tout le monde; — où l'on se passionnait pour ou contre MM. Ingres et Delacroix, — où l'Académie avait ses partisans et ses ennemis acharnés. — Sans doute, les discussions sur le dessin, et sur la couleur, et sur le style, avaient plus d'un inconvénient. — Par exemple, elles montraient sous un aspect ridicule, même grotesque, beaucoup de braves gens qui, n'entendant rien à ces difficiles questions, n'avaient garde de se taire, de peur de paraître les ignorer. Néanmoins c'était le beau temps, — aussi le bon. — A cette heure, on aime mieux causer de la Bourse et des affaires. — Grand progrès! dit-on. — J'en doute. — Il y a d'ailleurs des gens que cela ennuie : — ceux notamment qui ne vont pas à la Bourse et qui ne font pas d'affaires. Le nombre en est plus grand qu'on ne pense.

On s'en aperçoit le jour où, par un hasard inespéré, il paraît un bon livre ou un bon tableau. Alors on voit sortir, — comme de dessous terre, — des individus d'un aspect timide, presque honteux, — qui achètent ce livre s'ils ont de l'argent, ou qui l'empruntent, — et qui vont voir le tableau.

Le premier d'entre eux qui se hasarde en ces occasions trop peu fréquentes est tout étonné de ne se point trouver seul et de voir qu'il y a encore des êtres comme lui, — qui prennent souci de l'art et des lettres. J'écris pour ces pauvres ilotes de notre société, qui ne comprennent rien et ne veulent rien comprendre au cours de la rente et du Grand-Central. Je m'intéresse à eux plus qu'à d'autres, j'en conviens, parce que j'aime ce qu'ils aiment, et que je ne me

saurais passionner pour ce qui les trouve
indifférents. A mon avis, au reste, ils forment une nation dans la nation et il faut
compter avec eux. Ils représentent ce
qu'on appelait, — il y a bien longtemps,
— au moins cinq ou six mortelles années,
— l'esprit français. De l'opinion des autres, de ceux qui les dédaignent et les
regardent d'un air vainqueur, je me sou-
cie comme d'un fétu.

Ceci soit dit pour expliquer l'espèce de
témérité qui me pousse à parler de l'art
et des artistes en l'an de grâce 1856
(an IV du Crédit mobilier.)

On ne trouvera pas, dans ces notes
brèves et rapides, d'aventures scanda-
leuses, ni des récits compromettants pour
l'honneur ou la dignité des artistes. J'ai
déjà dit ici que le métier de biographe
des contemporains me semblait le plus

souvent un triste métier, et que ceux qui l'exerçaient parlaient, presque toujours, et de ce qu'ils ne savaient pas, et de ce qu'ils n'avaient pas le droit de dire. A la vérité, il y a des gens qui manquent assez de savoir-vivre et de respect d'eux-mêmes pour se laisser déshabiller en public sans se plaindre, et même pour s'en sentir intérieurement flattés. C'est une des honteuses maladies de notre époque ; mais je n'ai ni le goût ni l'envie de flatter la manie indécente de ceux-ci, et je respecterai toujours la pudeur légitime des autres.

D'ailleurs, la vie privée des artistes contemporains, leurs habitudes et leurs costumes, ressemblent, plus qu'on ne se l'imagine, à ceux de tout le monde. Le temps est passé des feutres pointus, des redingotes taillées en pourpoint, des bottes à la poulaine et des chevelures absaloniennes. Un rapin qui se respecte, aujourd'hui, s'habille à peu près comme un clerc d'avoué dès que ses moyens le lui permettent. S'il aspire à faire le portrait, il tâchera de se donner les airs d'un homme distingué, auquel cas il se dessinera une raie derrière la tête à l'instar d'un quart d'agent de change ou d'un courtaud de boutique.

Il n'y a pas grand mal à cela. Du reste, il est temps de revenir sur l'opinion encore trop répandue que les artistes sont nécessairement dissipateurs et débauchés. Michel-Ange, pour citer le plus grand de tous les noms, avait des mœurs austères, et, si Brauver et J. Stern étaient des ivrognes, Van Ostade et Teniers vivaient comme d'honnêtes bourgeois et faisaient parfaitement leurs af-

faires. Les modernes tâchent de les imiter au moins de ce côté, ce qui leur est
plus facile que de leur ressembler par le
talent ou le génie.

———

DICTIONNAIRE DE POCHE

DES

ARTISTES CONTEMPORAINS

— ...

ABEL DE PUJOL (Alex.-Denis). — M. Abel de Pujol, membre de l'Institut et officier de la Légion d'honneur, a joui dans son temps d'une grande renommée. Son temps n'est plus. Peu d'artistes ont autant travaillé et autant produit à notre époque. Hier encore on le confondait avec M. Blondel. Tous les rapins connaissent ce mé-

chant jeu de mots : Blondel de Pujol.
Cela n'est pas juste ; il y a entre ces deux
peintres de notables différences. M. A. de
Pujol, qui n'est ni coloriste ni dessinateur, possédait à une certaine dose des
qualités qu'on chercherait vainement parmi le plus grand nombre de ses collègues
du palais Mazarin : l'entente des grandes
machines, et des tendances pittoresques.
Son plafond de l'escalier du Louvre, qui
va être détruit, parait-il, en est la preuve.
Ce n'est pas précisément un chef-d'œuvre,
comme on l'a imprimé ; mais il me semble qu'au moment où il a été conçu et
exécuté personne ne se serait aussi bien
tiré que cet artiste d'une tàche aussi difficile. Il ne faudrait pas conclure de ce
que je viens de dire à mon enthousiasme
pour les grisailles de la Bourse ; peut-être
aussi trouvera-t-on qu'en n'*éreintant* pas

M. Abel de Pujol je ménage les académiciens. Telle n'est pas mon intention ;
pourtant ce ne sont pas les académiciens
d'aujourd'hui, qui sont surtout d'hier,
que je redoute, mais ceux de demain.
(Voir plus tard l'article *Ch. Muller.*)

AMAURY-DUVAL (Eugène - Emmanuel). —
Pourquoi rit-on chaque fois qu'on entend
prononcer le nom de M. Galimard, tandis
qu'on garde son sérieux en entendant celui de M. Amaury-Duval? — Explique qui
voudra ces contradictions de l'opinion publique. Tous les deux font du gothique ou
du grec, au choix des amateurs ou du gou-
vernement, et j'estime même que le second
connaît mieux son métier que le premier :
témoin la chapelle du catéchisme à Saint-
Germain-l'Auxerrois. Dans cette chapelle,
M. Galimard a peint des vitraux et

M. Amaury-Duval un tableau d'autel (genre Angélique de Fiésole), dont les personnages, au dire d'un coloriste, ressemblent à une collection de parapluies fermés ; — le suprême du *style*. — M. Amaury-Duval est décoré. Il sera de l'Institut.

ALIGNY (Claude - Félix - Théodore - Caruelle). — Il est de mode, à cette heure, de condamner sans rémission le paysage historique. Cependant les mêmes critiques qui proscrivent l'art du Poussin et de Claude Lorrain admirent, — et ils ont raison, — les œuvres de M. Corot, qui sont, le plus souvent, des paysages historiques. D'où il suit tout simplement que les uns font plaisir à voir et que les autres font de la peine. Véritablement, la nature inventée par M. Aligny n'est pas d'un aspect réjouissant. On n'aimerait pas à

vivre sous ses arbres au feuillage de tôle,
et il serait douloureux de s'asseoir sur
ses gazons.

Néanmoins M. Aligny est ou a été un
homme de talent. A une époque où triom-
phait le paysage de *touche*, où l'on admirait la peinture de M. Coignet et les aquarelles de M. Hubert ; quand, par une horreur bien légitime pour les compositions
de MM. Valenciennes et Remoux, on ne
voulait plus regarder que les canards de
M. Flers, il voulut, lui aussi, retourner à
la source antique, s'abreuver à ses ondes
pures et gravir les fiers sommets du Parnasse grec. Il opposa, aux bonshommes
cagneux et grotesques du moyen âge, les
demi-dieux rayonnants d'Homère et d'Hé-
siode ; à la légende, la tragédie et le
poëme ; et il préféra aux cathédrales rui-
nées, enveloppées de brumes grisâtres,

les frontons ioniens se découpant sur un azur profond et infini, au milieu des campagnes de l'Attique aux horizons solennels.

Le malheur de M. Aligny, c'est qu'il fut plus poëte que peintre, et plus archéologue que poëte. Son *Prométhée* est pourtant une belle chose, quoique la peinture en soit mince et la couleur sans charme et sans vérité. Claude Lorrain, lui aussi, aimait les grandes lignes de la nature méridionale, mais il les inondait de lumière. Aussi j'aime mieux les dessins de M. Aligny que sa peinture, malgré l'exagération du parti pris dans lequel ils sont conçus et exécutés.

ANTIGNA. — *Un Incendie* obtint une médaille d'honneur au Salon de 1851. Il y avait, dans cette peinture, des qua-

lités de composition et d'effet; mais je
crois pourtant que la récompense qu'il
obtint à cette occasion fut un peu un prix
de vertu. Il avait touché les âmes sensibles du jury par le pathétique du sujet.

Au demeurant, couleur lourde et sans
charme, dessin vulgaire, sans vigueur et
sans finesse. Avec ces défauts, une certaine conscience et une certaine vérité
d'observation.

B

BARON (HENRI). — M. Baron a beaucoup
plus de talent qu'il n'en faut ordinairement pour devenir un peintre de mérite,
mais peut-être ne l'emploie-t-il pas comme
il le faudrait. Il passe sa vie à représenter,
avec une extrême habileté d'exécution,

des héros de Boccace et de l'Arioste, assis
ou couchés à l'ombre des grands arbres,
dans des poses élégantes, et qui parais-
sent fort ennuyés de ne rien faire. Pour
M. Baron, les personnages des temps
modernes n'existent pas; il n'y a jamais
eu que des gentilshommes habillés en
velours et coiffés de feutres empanachés.
Il fait pourtant, par-ci, par-là, quelques
excursions dans le dix-huitième siècle. —
Je me rappelle, et tous les amateurs se rap-
pellent comme moi, un charmant tableau
intitulé l'*Hiver*, dont le groupe principal
semblait emprunté à Lancret. M. Baron,
au temps des publications illustrées, a été
l'un de nos plus habiles dessinateurs de
vignettes.

BARRIAS (Félix-Joseph). — Grand prix
de Rome et académicien futur.

BEAUMONT (Charles-Édouard de). — Peintre et lithographe. En lithographie il a succédé à Gavarni du *Charivari*, comme Thomas a succédé à Pierre Corneille au Théâtre-Français. Ses peintures ressemblent à ses lithographies. Il a beaucoup de succès auprès des amateurs d'un certain âge qui aiment, par une sorte de dépravation, de petites filles maigres avec des coudes rouges et pointus.

BELLANGÉ (Joseph-Louis). — L'Horace Vernet de la Normandie.

BENOUVILLE (Léon). — Grand prix de Rome et médaille de première classe; sera infailliblement de l'Institut. Il est un des premiers représentants de l'École académique moderne, qui professe pour M. Ingres une admiration dont sa devancière se montrait fort avare. C'est une école éclectique, qui adore au même degré Raphaël et M. Flandrin, M. Picot et Angélique de Fiésole, M. Delaroche et Pérugin. Elle affecte moins de tendance archaïque que l'école ingriste pure, néanmoins elle a du goût pour les fonds d'or et les saints habillés de bleu.

La *Mort de François d'Assises* a eu un grand succès au Salon de 1855. Il y avait du mérite dans cette toile, une certaine gravité de style et des qualités d'arrangement. Comme dans toutes les œuvres dites de dessinateurs, le dessin manquait de vérité et d'étude, et la couleur affectait une harmonie vert-bouteille que beaucoup de gens admiraient fort.

BIARD. — Peintre décoré quoique folichon. Il eut jadis un grand succès, et on a vu des critiques qui le comparaient à Wilkie. D'autres, au contraire, lui ont reproché de ravaler l'art de Raphaël et du Titien par la charge ; les uns et les autres se sont trompés. M. Biard est un mauvais peintre, voilà tout. Je ne lui reproche pas les sujets qu'il traite, mais la manière dont il les traite. On peut être un très-grand artiste dans le grotesque ; les exemples ne manquent pas, témoin les illustres petits maîtres des Flandres ; mais la première condition pour un peintre, c'est d'être peintre.

BIDA (ALEXANDRE). — Peintre ordinaire des Égyptiens des deux sexes. Pour M. Bida, il n'y a qu'une contrée au monde, celle qu'arrose le Nil. Il la connaît et il l'aime. Il l'aime surtout dans ses enfants, car il dessine plutôt des scènes de genre que des paysages. Observateur attentif et exact, il possède un crayon habile et souple, et il fait chaque jour de nouveaux progrès. Sa manière, qui est fort individuelle, s'est élargie depuis quelques années.

BILLOTTE (Léon-Joseph). — Il a commencé comme tout le monde par la peinture religieuse; mais on doit le lui pardonner : il n'a jamais exposé dans ce genre grave qu'une sainte Agnès et une sainte Radegonde. A tout péché miséricorde !

Depuis plusieurs années il emprunte les sujets de ses tableaux, — tous de petite dimension, — à la vie intime, et qui plus est à la vie moderne. Il se préoccupe beaucoup du jeu des physionomies, de la simplicité, de la justesse et de la vérité du mouvement, de la finesse et de la précision du rendu ; il n'abuse pas des détails et ne sacrifie la figure humaine ni au costume ni au bibelot. Ces qualités sont assez rares par le temps de *Pompadouro-manie* où nous vivons pour que nous les notions en passant.

BOOMER (KARL). — Il a obtenu une deuxième médaille au Salon de 1851, avec un *Intérieur de forêt en hiver* qui avait de la vérité et de la poésie. Depuis, il ne me semble pas avoir fait de progrès.

BOISSARD DE BOISDENIER (FERNAND). — Peintre très-connu dans un certain monde littéraire, pour avoir habité, à l'hôtel Pimodan, un appartement où il donnait des soirées au haschisch.

BONHEUR (Auguste). — Frère de mademoiselle Rosa Bonheur. A voir les tableaux de ces deux artistes, on croirait que c'est M. Auguste qui appartient au sexe faible.

BONHEUR (Rosa). — Les bourgeois, comme disent, sans trop savoir ce qu'ils disent, les rapins de la brosse, de l'ébauchoir et de la plume, admirent mademoiselle Rosa Bonheur. Ils ont raison, et cela s'explique et se justifie. Mademoiselle Rosa Bonheur a un talent facile à comprendre, un talent clair et net, si je puis m'exprimer ainsi, dont les productions sont lisibles dans leurs détails les plus infimes, pour l'esprit le moins enthousiaste ou le plus ignorant des choses pittoresques. Conduisez un boucher devant un bœuf peint par cette artiste, il vous dira tout de suite la race de l'animal, s'il

vient du Cantal ou du Charolais, ou des
herbages de la Normandie. Les paysages
qui servent de cadres aux compositions
de mademoiselle Rosa Bonheur ont le
même accent de vérité. Si c'est un effet
du matin qu'elle a voulu reproduire, il
est rigoureusement indiqué : pas moyen
de le prendre pour un effet du soir. Les
terrains sont d'une exactitude géologique;
un botaniste reconnaitra aux plantes dessinées sur le devant du tableau, s'il voit
un site de l'Auvergne, de la Bourgogne
ou du Nivernais.

Ces qualités sont assurément recommandables, et il ne faut pas absolument
les dédaigner, comme font certains critiques; mais elles ne sont pas tout. Paul
Potter et A. Cuyp étaient des peintres
exacts, dont les tableaux disaient bien ce
qu'ils voulaient dire, mais avec plus d'é-

loquence et de poésie que ceux de mademoiselle Rosa Bonheur. Ils avaient le don et le charme de la couleur. Comme elle, ils rendaient bien l'effet qu'ils entendaient reproduire; ils le rendaient mieux, car ils y mettaient ce qu'elle n'a pas encore su y voir. On peut certainement donner un grand charme pittoresque à la plus simple des compositions, émouvoir en traitant le sujet le plus vulgaire. Une plaine basse et humide, deux ou trois vaches au premier plan, groupées au pied d'un saule rabougri : en voilà plus qu'il n'en fallait à ces maîtres illustres pour être admirés des délicats et des difficiles. Mais une lumière limpide et dorée inonde leurs paysages, ou bien le soleil tamise ses rayons dans les brumes transparentes. Leurs héros poilus ruminent et vivent.

Ils ont, en un mot, la vérité d'imitation et la vérité d'impression. Mademoiselle Rosa Bonheur ne possède que la vérité d'imitation, et d'une façon relative. Je m'explique. Quel est le but de l'art? De rendre vraisemblable et *saisissante* pour l'esprit et pour les yeux une impression de l'artiste. Il importe médiocrement que cette impression soit le produit de son imagination seulement, ou de son souvenir. Mais les peintres qui imitent seulement ce qu'ils voient ne font pas vrai comme ils le supposent, car ils ne peuvent pas toujours voir. La vérité dans l'art n'est pas la vérité du daguerréotype.

Un exemple :

Mademoiselle Rosa Bonheur a exposé avec succès, à l'avant-dernier Salon, un *Marché aux chevaux*. Il y avait beaucoup d'habileté dans son œuvre, et des détails étudiés avec la plus scrupuleuse conscience; mais pourtant ce tableau n'était pas *vrai*. Je ne parle pas seulement de la couleur, qui était fade et inharmonieuse, mais de l'aspect général. Si mademoiselle Rosa Bonheur, au lieu de composer dans son atelier, à l'aide de détails copiés sur la nature, la scène qu'elle voulait reproduire, en eût mieux regardé l'ensemble, elle aurait certainement remarqué que là où se trouvent mêlés des hommes et des animaux, les premiers tiennent une grande place et attirent invinciblement le regard. Or, dans son *Marché*, les hommes ne se voyaient qu'après les chevaux. Pour le vulgaire, cela devait être : en réalité et mathématiquement, les uns sont plus gros et tiennent plus de place que les autres, mais l'artiste aurait dû chercher la loi, la cause du fait que je viens d'avancer, et que tous les maîtres ont signalé comme moi. Dans ce cas, cela eût rendu non ce qui est, peut-être, mais ce qui parait être, ce qui saisit, ce qui émeut, ce qui frappe.

Pour me résumer, la vérité en peinture consiste, comme disait le baron Fœneste, de gasconne mémoire, dans le *paroistre* et non dans l'*estre*. En morale, c'est autre chose.

J'ai déjà dit que mademoiselle Rosa Bonheur n'était pas coloriste. Beaucoup de gens s'en sont aperçus, même parmi ses admirateurs, au dernier Salon, où elle avait exposé un grand tableau, la *Fenaison*. Ce tableau était noir dans les ombres, cru dans les lumières, avec un ciel d'un bleu faïence, et des herbages verts comme un tapis de billard. Je sais bien que cela peut paraître ainsi au premier coup d'œil, et qu'on est plus près de la nature en peignant *cru* qu'en noyant son tableau dans une sauce générale, comme le font de prétendus coloristes. Mais plus les tons sont véhéments et *montés*, plus il faut rechercher la loi secrète de leur harmonie et de leurs rapports.

Néanmoins mademoiselle Rosa Bonheur, je le répète, a des qualités incontestables et mérite une place honorable dans l'école moderne. Elle fait de l'art sincère, sinon très-élevé. Elle dessine et elle modèle avec une netteté et une virilité qu'on doit estimer chez une femme. Ses dessins ont même une valeur, à mon avis, plus grande que ses tableaux. Ils la mettent moins loin des maîtres du genre qu'elle a adopté.

BOULANGER (Louis). — Le nom de cet

artiste est désormais immortel, car il figure en tête de plusieurs poésies de Victor Hugo. C'est un peintre de talent, un peu dévoyé à cette heure. Il prit part au mouvement romantique dès l'origine, avec une ardeur courageuse et dévouée. Il se fit le peintre de ce moyen âge fantastique qui succéda, dès 1827, au moyen âge troubadour de madame Cottin. On doit le regarder comme un des créateurs de ce monde bizarre plein de gnomes, de sorcières et d'apparitions. Peintres et poëtes se donnaient alors la main dans une fraternelle étreinte, et marchaient en bataillons serrés contre les vieilles cohortes des dieux et des déesses du Parnasse impérial, — qu'il faut bien se garder de confondre avec les divinités rayonnantes et éternellement jeunes de la Grèce antique.

M. Louis Boulanger dessina, en 1827
ou 28, une immense lithographie inspirée
d'une des ballades de Victor Hugo, avec
ces deux vers bien connus pour épigra-
phe :

Et leurs pas, ébranlant les arches colossales,
Troublent les morts cachés sous les pavés des salles.

On retrouve aujourd'hui cette pièce,
curieuse pour l'histoire de l'art, dans les
cartons des collectionneurs. A cette époque, elle faisait reculer d'effroi et de
terreur les membres de l'Institut.

C'était une belle époque, — où on se
trompait, — quand on se trompait, — de
bonne foi ; où l'on avait la vaillance et les
généreuses audaces de la jeunesse, aussi
ses heureux et charmants défauts. Cela
a été grandement utile et profitable à l'art,
quoi qu'on en ait dit, et malgré le dédain

qu'on affecte encore pour elle à cette
heure. Ces novateurs hardis, ne doutant
de rien, ni d'eux-mêmes, ni de l'avenir,
n'étaient pas seulement des démolisseurs,
mais ils construisaient et semaient en
même temps. De ce qu'ils ont bâti, tout
ce qui était éphémère et sans solidité, tout
ce qui était château de cartes, — et il est
vrai de dire qu'ils ont élevé bien des châ-
teaux de cartes, — s'est évanoui au souf-
fle de la raison, sans laisser de ruines;
tout ce qui était solide, approprié au besoin du temps, est resté debout, et, — çà
et là, — de véritables palais, avec quelques incohérences architecturales, un peu
de confusion dans les plans, mais avec
des magnificences et des originalités de
formes nouvelles ou renouvelées qui fe-
ront l'honneur du dix-neuvième siècle.
S'ils ont semé beaucoup d'ivraie mêlée

au bon grain, celui-ci a étouffé l'autre et
donné d'abondantes moissons. Aujour-
d'hui on ne bâtit plus guère, et on sème
peu dans le domaine de l'art et des lettres ; encore les maisons neuves sont des
maisons à la fois incommodes, bêtes et
tristes, — où l'imagination et la poésie
refusent d'habiter, et propres seulement
à loger la muse radoteuse et vieillotte de
l'Ecole du bon sens. Les moissons donnent
des fruits fades et écœurants ; on dirait
qu'ils sont malades comme ceux de la
terre. Mieux vaut, je le suppose, laisser
le champ en friche, et attendre des jours
plus doux et un soleil plus fécondant.

Voilà pourquoi je salue, chaque fois
que je les rencontre, ces ouvriers intré-
pides de la première heure. M. Boulanger,
dont le nom est trop souvent oublié maintenant, fut un de ceux-là, et des plus in-

fatigables. Il mit au service de la cause
romantique un talent sincère et convaincu,
parfois original, mais plein d'invention.
Malgré les bizarreries de quelques-unes
de ses productions, il s'éloigne moins de
la tradition des grandes écoles que ne le
supposait alors l'Institut. Nous avons de
lui des tableaux religieux largement peints
et d'un bon sentiment de couleur, et je
me rappelle des portraits d'autant plus
louables, qu'il n'y a guère à admirer chez
les portraitistes contemporains.

BRASCASSAT (Jacques-Raimond). — En
voilà un qui a été célèbre et dont le nom
est presque oublié aujourd'hui. Non de
tout le monde pourtant. M. Brascassat
vend toujours fort cher ses tableaux, à
un certain nombre d'amateurs qui ont le
culte de la peinture à l'huile ressemblant

à la peinture sur porcelaine, et à d'autres qui sont toujours en retard de la mode. Cet artiste était à la mode de leur temps (il y a une douzaine d'années); ils sont convaincus que la mode n'a pas changé. On trouve cette dernière classe d'amateurs en province et à l'étranger. M. Brascassat est décoré et membre de l'Institut.

BRION (GUSTAVE). — Jeune peintre des Vosges qui se plait à représenter des scènes de son pays avec une brutalité qui n'est pas toujours de la force et de l'énergie. Néanmoins sa peinture a comme une sorte de saveur locale, une odeur de sapin et de bruyère. C'est un mérite, mais son coloris est aigre et peu harmonieux.

C

CABANEL (ALEXANDRE). — Il a eu le premier grand prix de Rome en même temps que M. Benouville, et il appartient à la même école. Seulement sa peinture est en général plus montée de ton, son dessin plus étudié, plus souple et moins conventionnel. Il n'est pas encore décoré.

CABAT (LOUIS). — Ceux qui oublient les services rendus par M. Cabat à l'art contemporain commettent une véritable injustice. Il a joui dans son temps d'une grande renommée, et il la méritait. Élève de M. Flers, comme lui, il chercha le côté intime et familier du paysage. Sa manière, plus ferrée que celle de son maître, avait déjà moins de naïveté. Son coloris plus fort était aussi moins harmonieux. On le prenait pour un coloriste, et on se trompait. Ses ombres sont noires et l'aspect général des tableaux de sa bonne époque a quelque chose de métallique. Du reste, une grande conscience dans l'exécution, et un sentiment d'élégance qui, exagéré, le conduisit tout droit au paysage historique.

J'ai dit plus haut mon sentiment sur le paysage historique : je ne le condamne pas absolument; mais dans cette voie M. Cabat conserva tous ses défauts, et perdit les unes après les autres presque toutes ses qualités. La faveur publique l'abandonna, son nom ne fut plus guère prononcé qu'à de rares intervalles, on répétait autour de lui des noms nouveaux. On citait des jeunes gens hardis, entre-

prenants, mal satisfaits des réformes déjà
tentées et peut-être injustes envers leurs
devanciers. M. Cabat parla de se faire
moine et d'entrer dans le tiers-ordre des
Dominicains fondé par M. Lacordaire. Le
prédicateur lui-même l'en dissuada, c'est
une justice qu'il faut lui rendre, et lui con-
seilla un riche mariage. Ainsi fit l'artiste,
probablement il fit bien.

Aujourd'hui son talent semble tout à
fait dévoyé. M. Cabat produit peu, ou du
moins expose peu de tableaux. En général, ses œuvres trouvent toujours des amateurs, et il serait injuste d'affirmer qu'elles sont sans mérite. Mais la force de la
conviction semble avoir abandonné l'artiste; sa manière est devenue hésitante,
difficile à caractériser. On dirait parfois
qu'il se sent attiré vers M. Corot; mais
son coloris, moins *monté* qu'autrefois,

tombe dans la fadeur et dans les tons *louches*. Toutefois il est rare qu'un rayon de poésie ne vienne pas illuminer la plus imparfaite de ses compositions.

CAZES (Henri). — Peintre d'église, élève de M. Ingres.

CHACATON (Henrion). — Élève de Marilhat, qu'il cherche à imiter, et dont il reproduit assez exactement les défauts. Non sans mérite toutefois, assurément il en aurait davantage s'il tentait de suivre un chemin moins battu.

CHAPLIN (Charles-Josuah (*sic*). — Fait ou a fait tout ce qui concerne son état. Il a commencé par avoir du succès à l'école des Beaux-Arts; plus tard, il essaya des bonshommes dans le goût de M. Ad. Leleux ; puis il fit avec une certaine habileté de brosse des portraits qui lui valurent une médaille de troisième classe en 1851, et une de deuxième en 1852. Maintenant il exécute de tout petits tableaux ; mais la finesse de l'exécution lui manque dans un genre où elle est indispensable.

On a le tort dans notre époque de confondre trop souvent la lâcheté et la négligence dans l'exécution avec la largeur. Peu de nos artistes modernes savent peindre *large*.

CHAVET (Victor). — Des femmes en costumes Louis XV, avec des paniers, de la poudre, assises dans une bergère, à côté d'une cheminée de brèche rose, dans un appartement décoré de boiseries en grisaille, voilà les sujets qu'affectionnent MM. Chavet, Fauvelet, et autres peintres

d'un genre infiniment petit. Cela est ordinairement d'une harmonie lilas, — dont
la fadeur est relevée par quelques tons
aigres, d'un dessin maigre et pointu, mais
d'une exécution assez droite, qui fait la
joie des amateurs.

CHENAVARD (PAUL). — Un très-grand
peintre, au dire de ceux qui s'occupent de
matières philosophiques et d'érudition;
un très-grand philosophe et un savant fort
érudit, au dire des peintres.

Jusqu'à présent on avait cru que, pour
mériter la réputation d'un grand peintre,
il fallait produire de beaux tableaux. Des
esprits forts contemporains, aidés d'un
certain nombre de gobe-mouches, ont
démontré à leur manière que rien n'était
plus faux. A leurs yeux, Raphaël, Poussin, Titien, Rubens et Rembrandt, se-

raient des personnages bien autrement illustres, s'ils avaient fait de beaux discours sur l'esthétique, au lieu de peindre la *Dispute du Saint-Sacrement*, les *Bergers d'Arcadie*, le *Martyre de saint Pierre*, la *Galerie Médicis*, ou la *Ronde de Nuit.*

Je ne sais pas si M. Chenavard fait de beaux discours, je l'ai rarement entendu, et peut-être que quand il a parlé devant moi son éloquence habituelle lui a fait défaut ; on n'est pas toujours inspiré, les plus fiers génies ont des défaillances. Mais j'ai bien du mal à le prendre pour un grand peintre, et j'ai peur, malgré ma bonne volonté et mon extrême désir de plaire à certaines gens, de n'y réussir jamais. Véritablement j'ai peu vu ses œuvres, mais ce n'est pas ma faute. Pourtant j'ai un vague souvenir d'un tableau

représentant le *Jugement dernier*, plein
d'archaïsmes exécutés avec une inhabilité
incroyable. M. Galimard me semble bien
plus fort.

Depuis, nous avons été, comme tout le
monde, admis à contempler les cartons
qui devaient servir au projet imaginé par
M. Chenavard pour la décoration du Pan-
théon. L'idée de ce projet était, à mon
avis, fort belle ; mais, depuis que j'ai vu
les dessins de l'auteur, je suis loin de re-
gretter qu'elle n'ait pas été exécutée.
Comme dessin et comme style, ces cartons ne pouvaient pas être estimés au-
dessus des compositions académiques d'un
élève de Gérard.

Les admirateurs de M. Chenavard trouvent pour la plupart ces dessins fort remarquables. D'autres parmi eux convien-
nent cependant qu'ils sont médiocrement

exécutés, et d'un style voisin de la platitude. Mais ils s'en consolent, en disant que M. Chenavard est surtout le peintre de l'idée. Les peintres de l'idée forment une nouvelle classe d'artistes, inconnue aux belles époques. Elle a pris naissance et est fort estimée en Allemagne. Pour en faire partie, et y prendre une belle place, il est fort inutile, nuisible même, de savoir peindre et dessiner. Ceux qui estiment les qualités de la forme et de la couleur sont traités de matérialistes; une grande injure dont les initiés seulement comprennent la gravité.

Il me semble, et à beaucoup d'autres personnes, que les grands maitres d'autrefois avaient eu aussi des idées, et de fort belles. Mais ils avaient la simplicité de croire que, pour les rendre, la forme était indispensable, et que la seule ma-

nière de les traduire avec éloquence était
de les bien habiller et convenablement.
Mon intelligence se refuse à comprendre
la théorie contraire, et les raisonnements
les plus savants du monde ne me convain-
cront jamais. Il me paraît du reste que si
on poussait ces raisonnements à leur con-
séquence extrême, on arriverait à cette
conclusion prodigieuse : que l'idéal de
l'art de peindre serait de produire des tableaux sans le secours du dessin et de la
couleur.

Les peintres de l'idée n'ont pas encore
dit cela, mais ils dédaignent de peindre
eux-mêmes. C'est à leurs yeux une beso-
gne de manœuvre, et ils invoquent l'exemple des maîtres qui se faisaient aider par
leurs élèves. Seulement ils oublient qu'ils
se faisaient aider seulement, et qu'ils
étaient experts dans leur art. Je ne re-

pousse pas les traditions d'autrefois, et je crois qu'on a eu tort de les abandonner. Elles seules permettaient d'imprimer aux grands travaux de décoration ce caractère d'imposante unité qui leur est indispensable. — Mais de là aux procédés suivis en Allemagne il y a une aussi grande distance qu'entre les *Stanze* de Raphaël et les cartons de M. Chenavard.

M. Chenavard est décoré, tout comme un membre de l'Institut. — Il ressemble à un saint Pierre peint par M. Picot.

CHINTREUIL (ANTOINE). — Élève de M. Corot. Un sentiment poétique de la nature, une exécution médiocrement habile, visant trop à la naïveté, la préoccupation constante de reproduire la lumière discrète et douce du maître, voilà, en quelques mots, de quoi se compose le talent de ce jeune paysagiste, talent qui peut grandir.

COGNIET (Léon). — Membre de l'Institut, officier de la Légion d'honneur. Il a obtenu ses plus grands succès à partir du Salon de 1827, où son exposition lui valut, aux yeux du public, une place honorable entre les romantiques et les gens de l'Académie. Comme Delaroche, sa réputation lui vint bien plus des défauts qu'il n'avait pas et qui effrayaient le bourgeois chez les novateurs que des qualités qu'il possède en réalité. C'est un artiste de mérite et un détestable peintre. Venu dans un moment où l'École française ne savait plus peindre, il s'imagina sérieusement que la science dans l'exécution se traduisait par une touche plus ou moins preste et habile, mais sans puissance et sans largeur. Il ouvrit un atelier d'où sortirent MM. Karl Girardet et Philippoteaux, dont les œuvres sont la plus éclatante démonstration de ce que je viens de dire.

Malgré tout, *Saint Etienne visitant les malades* (Salon de 1827) est un tableau d'une composition remarquable par un sentiment de naturel très-rare dans les tableaux d'église fabriqués à cette époque. Le *Massacre des Innocents* semble fait uniquement dans le but de servir de modèle à une lithographie de Jullien (tête d'expression). Il y a du caractère et un sentiment pittoresque, avec des effets de mélodrame, dans le *Marius*, horriblement dégradé par le temps. Le plafond représentant *Bonaparte aux Pyramides* (Musée du Louvre), peinture sans consistance et pourtant très-travaillée, est néanmoins une œuvre de mérite, mais d'une harmo-

nie fausse, et qui a le grand tort de ressembler à une vignette très-cousciencieu-
sement conçue et exécutée.

Je crois l'artiste très-supérieur à ses
procédés de peinture. Dans le portrait,
genre aujourd'hui complétement en décadence, M. Cogniet a produit des œuvres
très-remarquables. Tout le monde se rappelle son portrait d'une dame âgée, au
dernier Salon. On pouvait et on devait
condamner l'emploi de certains moyens
petits et mesquins, la couleur fausse et
déplaisante; mais il y avait à admirer la
finesse de l'expression et des qualités
fort rares de physionomie et de caractère.

COIGNARD (Louis). — Médaille de première classe; peintre d'animaux. Il a de la
facilité, un certain sentiment pittoresque.

mais il dessine et il peint lourdement; sa couleur aussi manque de finesse. Les dernières productions de cet artiste annoncent pourtant du progrès.

COMTE (Pierre-Charles). — C'est un élève de M. Robert-Fleury. Il fait exclusivement le tableau à sujets, qui est dans la peinture l'équivalent de la pendule à sujets dans le commerce de l'horlogerie. Peinture d'un excellent débit, du reste, qui se grave à la manière noire, et fait la fortune des marchands d'estampes dans les deux mondes. M. Comte a néanmoins du talent. S'il était Belge, la critique française lui trouverait du génie.

COMPTE-CALIX (François-Claudius). — Ce prénom de Claudius rappelle involontairement M. Jacquand, qui le porte, et qui

4

est de l'école de Lyon, comme M. Compte-Calix. Celui-ci fait tout ce qui concerne son état de peintre à sujets. Mais il traite tous les sujets, les tendres, les religieux et les érotiques. Le tout est d'une exécution fort commune, mais d'une certaine habileté, et fournit des modèles nombreux de lithographies, qu'on rencontre soit dans les alcôves du quartier Bréda, soit dans les églises ou les écoles primaires, suivant le titre qu'elles portent. Les artistes qui ont de la prétention au grand style traitent assez dédaigneusement les œuvres de M. Compte-Calix, mais je n'ai jamais su pourquoi ils mettaient au-dessus celles de M. Ch. Muller.

CORNU (Sébastien-Melchior). — Peintre d'église, élève de M. Ingres. C'est tout. Un excellent homme, à ce qu'on assure.

COROT (Jean-Baptiste-Camille). — Le seul peintre qui fasse tolérer le paysage historique. Il fait plus, il le fait aimer et admirer. Incomplet dans certaines parties de l'art, grand et très-grand par le sentiment exquis, profond et poétique qu'il posséda au plus haut degré de certains aspects de la nature. Les paysagistes, qui mettent tout l'art de peindre dans le ragoût, lui reprochent d'avoir trop d'imagination : toujours le *Renard et les Raisins* de la fable. C'est là, au contraire, un de ses grands et rares mérites. Il en sait du reste bien autrement long qu'eux, et personne, plus que lui, n'est en état de rendre, quand il le veut, la physionomie intime d'un site, son accent local et caractéristique. Aussi ses études, plus complètes que ses tableaux, sont des chefs-d'œuvre dignes des plus grands maîtres pour la vérité, la largeur simple et savante de l'exécution. Lui seul peut-être parmi les modernes a bien traduit la nature méridionale, sans exagération de coloris et sans emphase théâtrale de style.

Si ses tableaux sont inférieurs à ses études, ou plutôt moins complets, en revanche les meilleurs sont de véritables poëmes, tout imprégnés d'une grâce antique. Cela ne les empêche pas d'être vrais, dans le sens qu'il faut attacher à ce mot. Parce que M. Corot se complaît à faire baigner les nymphes et les bergères de Théocrite et de Virgile dans les eaux profondes d'un lac, ombragé de platanes ou de chênes verts, aux heures discrètes où le ciel revêt des teintes d'opale, doucement nuancées d'un rose indécis; parce qu'il fait danser en rond des faunes; des ægypans et des bacchantes, au bord des

fontaines sacrées, bordées de lauriers-
cerises et d'oranges aux fruits d'or, il n'en
saisit pas moins, avec une prodigieuse
précision, les nuances les plus fugitives
des valeurs de ton, et il donne à la plus
médiocre de ses œuvres un cachet d'harmonie qui est la loi suprême des coloristes.

Il a, il est vrai, les défauts de ses qualités, comme tous les maîtres. Il néglige
trop les détails qui lui semblent insignifiants, et il en prend pour insignifiants qui
ne le sont pas. Ses arbres, d'une silhouette
presque toujours heureuse et vraie, ne
sont souvent que des silhouettes, etc., etc.
Mais je ne fais point une étude minutieuse
et détaillée, et je m'arrête dans ma criti-
tique. Les défauts de M. Corot sont faciles
à reconnaître; son rare mérite est plus
difficile à apprécier. Il est devenu à la

mode; mais je ne suis bas bien sûr que
les amateurs qui achètent aujourd'hui
fort cher des œuvres qu'ils ont longtemps
dédaignées les comprennent mieux qu'autrefois.

On dit que M. Corot est un excellent
homme, un bonhomme même. Ceux qui
lui contestent cette dernière qualité es-
sayent de le faire en citant de lui des traits
de bon sens, de finesse et d'esprit. A mon
avis, ils témoignent ainsi contre leur propre opinion.

COURBET, maître peintre d'Ornans (Fran-
che-Comté). — Ainsi s'est-il désigné lui-
même dans plusieurs affiches où il an-
nonçait l'exposition de ses tableaux. A
mon avis, c'est un peintre, mais ce n'est
pas encore un maître. Quand il exposa
pour la première fois, il prit la qualité

d'élève de M. Hesse. Plus tard il nia, par une lettre dont la convenance n'était pas le principal mérite, qu'il eût jamais reçu de leçons de cet artiste estimable. Il n'est, selon lui, l'élève d'aucun professeur; — du temps de l'Empire, il eût signé sur le livret du Salon : Élève de la nature et du sentiment.

On a fait beaucoup de bruit autour du nom et des œuvres de M. Courbet: personne n'en a fait autant que ses amis et lui-même. Aujourd'hui un silence qui doit leur sembler un peu morne a succédé à ces étourdissantes clameurs. Juste retour de l'opinion, et qui montre bien que les réputations fondées sur le talent seul résistent et durent plus longtemps que celles qui s'appuient surtout sur la réclame. Non que M. Courbet n'ait pas de talent, mais il l'emploie mal.

Du reste, si ses partisans l'ont vanté outre mesure, ses adversaires l'ont, à mon sens, assez mal combattu. Il s'agissait beaucoup moins de réalisme et d'idéal qu'on ne l'a cru, et surtout qu'on ne l'a dit. Cela est si vrai, que personne aujourd'hui ne veut plus être réaliste, et que toutes les définitions qu'on a essayées de ce mot sont incompréhensibles ou absurdes. Nier qu'il y ait dans la nature des choses belles et des choses laides, c'est comme si l'on affirmait que le bien est pareil au mal. Tous les hommes ne sont pas beaux, tous ne sont pas parfaitement tournés. Un sophiste éloquent pourra démontrer le contraire; mais, si MM. Laurent-Jean ou Cauvin entrent dans la salle, adieu tous les paradoxes.

Autre chose est de dire qu'on peut intéresser, dans l'art, avec les plus vilains

modèles, à la condition de bien mettre en
relief l'accent caractéristique, intime,
original et pittoresque de leur physionomie ou de leur aspect. Cette doctrine n'est
point nouvelle; elle a été depuis longtemps
mise en pratique par les maîtres les plus
illustres. Assurément les deux littérateurs
que je viens de nommer ne sont pas des
Adonis ou des Antinoüs, mais Holbein aurait fait néanmoins des chefs-d'œuvre de
leurs portraits, et les aurait faits ressem-
blants.

M. Courbet a exposé au dernier Salon une
Baigneuse qui a fait scandale. Il le cherchait probablement, et a dû se sentir
flatté. Je ne suis pas de ceux qui se sont
récriés contre le sujet choisi par l'artiste;
mais non-seulement la femme qu'il s'é-
tait complu à peindre d'une brosse lourde,
après l'avoir dessinée d'un crayon plus

grossier qu'inexact, n'était point une Vé-
nus, sa pose était encore fort disgracieuse
et la couleur générale du tableau assez
déplaisante, terne et salie dans la lumière,
opaque et noire dans les ombres. Jordaëns,
traitant ce sujet des plus vulgaires, n'eût
pas plus que M. Courbet cherché à l'en-
noblir et à lui donner un style académique,
mais il l'eût revêtu des splendeurs de sa
palette; il eût fait jouer les mille caprices
de la lumière, du clair-obscur et de l'ombre sur ces chairs boursouflées comme
un mannequin de beaudruche; il eût donné
la fraîcheur, l'humidité et le charme au
paysage; l'air aurait circulé sous les
feuilles du gros arbre noir que le maître
d'Ornans semblait avoir copié d'après un
arbre en tôle, — comme les palmiers-che-
minées des bains de la Samaritaine.

Il suit de là que M. Courbet produit des

œuvres déplaisantes, moins par les sujets qu'il traite que par la façon dont il les traite, qu'il n'a point du tout inventé la théorie de la vérité dans l'art, et que les laideurs les plus choquantes dans la nature ont leur poésie et leur pittoresque. Entre nous, M. Courbet n'est pas si vrai qu'on le dit et qu'il le croit peut-être. Il a beaucoup des qualités du peintre, mais pas toutes; il lui en manque d'essentielles. Il n'est ni un dessinateur ni un coloriste. On n'est pas dessinateur, pour traduire plus ou moins exactement un contour, et modeler avec assez de réalité; il faut donner à la forme le mouvement et la vie. On n'est pas davantage un coloriste, quand on a un sentiment assez grossièrement exact du ton local; il faut y joindre la science de l'harmonie, ses secrets et ses finesses. En revanche, cet artiste est un de ceux qui ont le mérite, très-rare aujourd'hui, de peindre large, et d'une assez belle façon, sans les petites ficelles de métier et de recettes qui font tout le mérite de beaucoup de gens.

Maître Courbet, si fort ennemi de la tradition, a le malheur d'être fort beau garçon et d'avoir une tète qui est un véritable Archaïsme. Il ressemble à un roi mage, et son profil rappelle celui des figures hiératiques du musée assyrien. C'est un excellent homme, et il deviendra un artiste de beaucoup de talent, le jour où il se décidera à peindre des tableaux qui ne seront pas des annonces et des prospectus.

COURT (JOSEPH-DÉSIRÉ). — M. Court, chevalier de la Légion d'honneur, est élève de Gros. Il eut un jour un de ces

succès qui font époque dans la vie d'un
artiste, avec un tableau exécuté à Rome,
la *Mort de César*. Cette page, très-impor-
tante par ses dimensions, fait partie de la
collection du palais du Luxembourg. On
y remarque des qualités réelles de mise
en scène et de composition. Mais les figures sont d'un dessin académique et
déclamatoire, d'un modelé vide et rond,
la couleur fausse et déplaisante, la peinture mince et sans consistance. Néanmoins
un graveur habile pourrait tirer une belle
page de cette vaste toile, en y ajoutant ce
qui lui manque.

Depuis longtemps M. Court peint plutôt
le portrait que l'histoire. Ses productions,
dans ce genre, font l'admiration de quelques bourgeois, et fournissent, lors des
expositions, un texte continuel aux plai-
santeries des rapins. Il paraît que ces

portraits ont aussi un grand succès auprès du haut clergé, car M. Court peint
presque toujours des prélats.

COUTURE (Thomas). — On peut dire de
cet artiste, comme des gravures d'un certain prix, que sa renommée était plus
grande *avant la lettre*. Il n'en a pas moins
du talent et une habileté de métier longtemps estimée science par les gobe-mouches du feuilleton. Quand parut son œuvre
la plus importante, les *Romains de la
décadence* (Salon de 1847), l'Académie,
d'ordinaire assez hostile aux nouveaux
venus, salua dans M. Couture le sauveur
de l'art menacé par les Vandales. — Les
Vandales se résumaient dans M. Delacroix.

Les journaux mêlèrent leurs louanges
à celles de l'Institut. Si Paris, comme
Rome ou Toulouse, eût possédé un Ca-

pitole, on l'y aurait conduit en triomphe
et coiffé de lauriers. Un seul critique ne
s'associa pas complétement à ces accla-
mations universelles ; M. Planche compara
la peinture du jeune artiste aux œuvres
des maitres du dix-huitième siècle; par
exemple, si j'ai bonne mémoire, à celles
de Restout, des Coypel et des Natoire. Les
enthousiastes s'indignèrent de la compa-
raison, qui ravalait, disaient-ils, leur héros. Je ne suis ni de leur avis, ni de celui
de M. Planche. A mon sens, ce dernier
faisait de M. Couture, sous forme de blâme,
un éloge immérité.

Les maitres auxquels il l'assimilait ne
sauraient être mis, il est vrai, au rang de
ceux des grandes époques. Ils manquent
de naturel et de vérité, de puissance et
de largeur; mais ils possèdent des parties
importantes de l'art. S'ils remplacent

trop souvent l'étude de la nature par l'adresse du métier, on est forcé de convenir que cette adresse est réelle, et qu'il faut être très-savant pour tricher, comme ils le font, avec la science. Ils possèdent tous d'ailleurs, même les plus faibles d'entre eux, cette logique de l'ordonnance et de la composition, cette entente du tableau, qui est la première et la plus évidente qualité de l'école française. Avec cela un sentiment très-pittoresque, un esprit ingénieux, varié, plein d'invention et de ressources. Véritablement M. Couture est bien loin de tout cela. Il peut être l'homme du monde le plus spirituel, je n'en sais rien; mais c'est de tous les peintres celui qui l'est le moins. Sa manière, où l'on ne saurait méconnaître une certaine habileté, est lourde, commune, déplaisante; elle trahit beaucoup plus d'aplomb que d'audace. C'est un compromis entre l'imitation du modèle vivant et la routine académique. Les gens de l'Institut recommandent d'*idéaliser* la nature, et, sous ce prétexte, ils appliquent à tous les types des formules d'une banalité nauséabonde, M. Couture, croyant être original et nouveau, trouve plus simple d'enlaidir ce qu'il copie. Il prend la brutalité du dessin pour l'énergie; la grossièreté pour la largeur de l'exécution, et il croit donner du mouvement et de l'action à ses figures en leur faisant des contours cahotés et cernés d'un trait noir.

Il a longtemps passé pour un coloriste, à l'aide de la plus grosse des ficelles, c'est-à-dire en enlevant ses figures sur des fonds noyés, d'une teinte uniforme et terne. D'où une harmonie de convention, qu'il cherche à raviver par des colorations aigres et discordantes, qui sont autant de fausses notes. Avec tout cela, une palette assez indigente, et qu'il applique à tous les sujets. Néanmoins M. Couture possède une certaine verve de brosse; il a même des qualités très-réelles, résumées dans une toile, le *Fauconnier*, la meilleure page de peinture qu'il ait jamais faite. A vrai dire, ce n'est pas un tableau, mais simplement une étude; seulement c'est une étude réussie, et qui montre une fois de plus la justesse de cette maxime, rimée par le fabuliste :

Ne forçons pas notre talent...

CURZON (Paul-Alfred de). — Mon confrère Edm. About le met au rang des premiers paysagistes de ce temps-ci. Un tel éloge, pour venir d'un ami — pourtant spirituel entre tous, — n'en est pas moins dangereux.

Il y a des peintres plus forts que M. de Curzon. Celui-ci est évidemment un homme de goût qui fait des tentatives pour se débarrasser des mauvaises pratiques de peindre l'école de Rome, et traduire la nature des campagnes grecques ou italiennes avec une poétique sincérité. On doit lui tenir compte de ses efforts et constater ses progrès.

D

DAUBIGNY (Charles-François). — L'un de nos premiers paysagistes. Longtemps méconnu par les critiques qui n'admettent que les artistes doués d'un talent original, et qui attribuent cette qualité à tous les imitateurs de deux ou trois maîtres en vogue. La manière de M. Daubigny, prodigieusement simple et naïve, ne pouvait plaire, du premier coup, aux enthousiastes du *ragoût* et des procédés compliqués. C'est un des interprètes les plus fidèles et les plus exacts de la nature. Personne plus que lui ne donne à un paysage son juste accent et son vrai caractère. Par ces qualités très-rares, il est de la race des maîtres; comme eux il a le don d'une exécution large, primesautière, sans emphase, mais sans hésitation. C'est de lui qu'on pourrait dire qu'il est *réaliste*, si ce mot signifiait quelque chose; mieux vaut reconnaître que sa peinture est la sincérité même.

Il faut avoir vécu dans une complète intimité avec la nature pour rendre d'une façon aussi saisissante les effets les plus

fugitifs, les harmonies les plus risquées.
Doué d'un sentiment exquis et profond du
ton local, il aborde sans effroi la repro-
duction de certains paysages que le com-
mun des peintres n'oserait jamais essayer,
et il fait des œuvres charmantes avec des
sujets où beaucoup de ses confrères, qui
passent pour des coloristes, n'auraient
trouvé que des plats d'épinards.

M. Daubigny est peintre partout et toujours... Je connais de lui des vignettes
grandes de quelques centimètres, dessinées, il y a dix ou douze ans, pour des
guides de chemins de fer, exécutées avec
plus de largeur et de maestria que beaucoup de toiles importantes et célèbres.

Un mot de critique à côté de ces éloges,
d'ailleurs incomplets. On a reproché à
M. Daubigny des tableaux qui ressem-
blaient trop souvent à des études. Ce

blâme, qui est fondé quelquefois, signifie
que le peintre, travaillant sur nature,
laisse parfois dans son œuvre certaines
parties incomplètes comme exécution,
dans la crainte, en les terminant, de per-
dre cette fleur de naïveté, cette sincérité
d'expression qu'il met au-dessus de tout,
— et justement.

DAUZATS (ADRIEN).— Peintre d'architec-
ture, chevalier de la Légion d'honneur.
— C'est un homme de talent, mais c'est
surtout le vice-président de la Société des
artistes. Il est vice-président-né comme
M. le baron Taylor est président-né : —
c'est une vocation.

Je ne lui en veux pas, et les artistes
doivent l'en remercier. Ils forment une
race égoïste et vaniteuse, où chacun est
bien plus occupé de ses intérêts propres

que des intérêts généraux de l'art et de
ses confrères. Aussi ç'a été une rude be-
sogne que de les constituer en association,
et quand il s'agit de procéder aux élections
du bureau et du président, rien de si difficile que de réunir le nombre de membres suffisants pour voter. Leur faire faire
une démarche dont ils ne peuvent tirer
directement un profit personnel est presque impossible. Cette abstention est pourtant à la fois un mauvais calcul et une
niaiserie; mais ces gens-là ne compren-
dront jamais quelle force ils pourraient
tirer de l'association; — en quoi ils res-
tent fort au-dessous des comédiens, qui
sont pourtant encore plus qu'eux bouffis
d'amour-propre et de prétentions.

De ce que je viens de dire, rien n'est
dirigé contre M. Dauzats. Je crois
qu'il *vice-préside* aussi bien qu'un autre.

et qu'il met beaucoup de zèle dans l'accomplissement de ses devoirs. Je n'ai pas d'ailleurs l'honneur de le connaître personnellement.

DEBAY (Auguste-Hyacinthe). — Un peintre qui a obtenu un grand succès comme sculpteur. J'en reparlerai lorsqu'il s'agira de ces derniers.

On vante les qualités de son caractère et de son cœur. Il ne se contente pas de sculpter et de peindre, il écrit encore des livres par-dessus le marché, et il rédige la notice de ses tableaux dans ce style ému et sentimental qui était fort à la mode il y a une quarantaine d'années. Exemple :

Les deux amies : « Deux jeunes femmes se donnent le gage le plus sacré d'une amitié sincère... L'une d'elles, faible, ex-

ténuée d'efforts inutilement tentés pour
allaiter, découvre son sein tari, cause du
dépérissement de son enfant. Sa douleur
est comprise par son amie (attention !), à
qui la santé permet d'ajouter au bonheur
de nourrir son propre enfant celui de
rappeler à la vie le fils mourant de sa
compagne. » (Salon de 1841.)

DEBON (HIPPOLYTE). — Sa peinture est
un mélange en qualités et en défauts. Le
public s'en détourne avec un certain effroi, parce qu'il est absolument dépourvu
de toute coquetterie. Son dessin dur et
carré, sa couleur violente et parfois désa-
géable, ne sont pas faits pour attirer les
enthousiastes de M. Duval le Camus. Mais
il a de l'invention, de la verve, de l'originalité, et parfois il donne à ses personnages une fière tournure et un caractère

pittoresque, à ses compositions du mouvement et de la vie.

DELACROIX (Eugène).—Commandeur de
la Légion d'honneur, et, enfin, membre
de l'Institut. — Pendant presque toute sa
vie, M. Eugène Delacroix a été l'adversaire
déclaré de l'Institut, et voilà plusieurs
années qu'il fait des efforts surhumains
pour entrer au palais Mazarin. Grâce à
l'énergie de sa volonté, il peut maintenant s'asseoir à côté de M. Picot. Il en
est, dit-on, plus fier que de ses chefs-
d'œuvre; si fier et si heureux, qu'il ac-
cepte sans répugnance tous les inconvé-
nients attachés à cet honneur suprême,
même celui de subir la conversation des
sculpteurs. Quel enivrement !

Mais n'insistons pas sur cette contradiction entre l'homme et ses œuvres. A

quoi bon? personne ne saurait être parfait,
et chacun de nous, même le plus sage, a
sa marotte. M. Delacroix a beau être académicien, il reste toujours l'auteur de
Dante et Virgile, du *Massacre de Scio*, des
Femmes d'Alger, de la *Noce juive*, de
l'*Entrée des Croisés à Constantinople*,
du *Triomphe de Trajan*; de l'*Assassinat
de l'évêque de Liége*, de la *Médée*, de la
Liberté, des *plafonds du Palais-Bourbon*,
du *Luxembourg* et de la *galerie d'Apol-
lon*, et de tant d'autres œuvres immor-
telles. Il n'en a pas moins lutté avec une
persévérance, une énergie et une sincérité qui ne se sont jamais démenties un
seul instant pour la cause de l'art et pour
ses convictions d'artiste. Il nous apparaît
dans tout l'éclat de la victoire; ceux-là
mêmes qui le contestaient l'admirent ou
font semblant de l'admirer. Le bicorne

académique qui le coiffe à cette heure ne peut nous cacher sa couronne triomphale. Qu'il nous soit permis de dire seulement, au nom de la logique et du bon goût, qu'elle ferait meilleur effet sur son front sans cet appendice hétérogène. *

On peut déclarer aujourd'hui, sans craindre de soulever des tempêtes, que M. Eugène Delacroix est le plus grand des peintres contemporains; tout au plus risque-t-on de faire pitié aux admirateurs de M. Ingres. Cela ne signifie pas pourtant que cet artiste soit compris de tous ceux qui l'applaudissent. A mon sens, il l'a été souvent fort mal, et dès les débuts, par ceux-là mêmes qui défendaient ses doctrines et ses œuvres avec le plus d'énergie et d'enthousiasme. Par exemple, selon ces derniers, l'artiste ne procédait que de lui-même; il n'avait ni précédent ni traditions; à peine voulait-on reconnaître dans ses toiles quelques ressouvenirs des maîtres coloristes, noyés et comme perdus, dans son originalité impérieuse et puissante. Cela était simplement absurde.

Que M. Delacroix soit un maître original autant que pas un de ceux qui l'ont précédé, rien de plus vrai. Mais personne ne procède uniquement de soi-même, dans la rigoureuse acception du mot. Rembrandt, le plus individuel de tous les artistes, n'en est pas moins Hollandais autant que ses prédécesseurs et que ses contemporains, plus encore sans contredit. M. Delacroix, au même titre, est le peintre le plus Français du dix-neuvième siècle. Ce révolutionnaire n'est pas un hérétique, comme on affecte de le croire et de le dire. Loin de rompre avec la tradition nationale, il en ressaisit d'une main vaillante et courageuse les fils rompus par l'École impériale, il l'a renouvelée et il l'a agrandie, seul moyen de faire revivre.

L'École impériale était comme une dérivation de l'esprit français, le résultat d'une réaction qui avait sa cause dans l'amoindrissement et la décadence de l'École du dix-huitième siècle, et dans le génie de son fondateur Pierre David, mais elle n'était pas née viable, justement parce qu'elle était un contre-sens avec la véritable École nationale, fille des Écoles d'Italie et des Flandres. Elle n'élargissait pas, elle amoindrissait le domaine de l'art. Elle niait, sans les comprendre, tout à la fois le Pérugin et Michel-Ange, Titien, Rubens et Rembrandt, Lesueur; Lebrun et Watteau. Sous le nom de doctrines, elle émettait des apparences d'axiome, suivies dans le répertoire de l'archéologie gréco-romaine de la fin du dix-huitième siècle, et dont elle déguisait la vanité par le pédantisme.

Quant M. Delacroix entreprit de combattre cette école, il n'avait peut-être pas conscience de toutes les difficultés qu'il lui fallait surmonter et de tous les efforts qu'il lui fallait vaincre. Son éducation d'atelier, routinière et académique, qui n'avait rien ou presque rien appris à l'élève de ce qu'il lui fallait savoir pour devenir un peintre, devait être une continuelle entrave. De là, sans contredit, les difformités qui déparent son œuvre, et qu'on lui a amèrement reprochées. Le génie le plus vaste et le plus puissant ne saurait tenir lieu d'éducation première. Quand il se trouve aux prises avec des difficultés matérielles d'exécution, dont les artistes les plus médiocres de la Renaissance se tiraient sans peine, il s'emporte et il s'irrite; il ne les esquive et ne les déguise point, par une sorte de fierté naturelle aux forts, mais il les dédaigne. Chez M. Delacroix, esprit chercheur, inquiet, ardent et fiévreux, cette contradiction entre le but et les moyens éclate souvent d'une façon choquante pour des esprits pusillanimes et méticuleux. Elle nous voile parfois à nous-mêmes sa grandeur; elle ne l'obscurcit jamais complétement.

Je ne puis pas, dans ces notes rapides, dans ces croquis, qui ne sont que des silhouettes, indiquer toutes les faces du génie de M. Delacroix. Les résumer est pourtant difficile.

M. Delacroix procède (je ne voudrais pas qu'on se trompât sur la portée de ce mot)

tout à la fois des maîtres de Venise et
des Pays-Bas, et des maîtres français du
dix-septième et du dix-huitième siècle. Il
a la science de couleur des premiers, l'invention et l'originalité pittoresque des
seconds, et avec cela tour à tour un sentiment de composition naïf et *réel* qu'on
dirait renouvelé de Rembrandt, et le grand
goût d'arrangement des Lebrun et des
Lemoyne. Par ce côté, il est de tous les
maîtres celui qui traduit le mieux, et dans
le plus énergique langage, les tendances
littéraires du dix-neuvième siècle, ses be-
soins de vérité, son horreur du banal et
du convenu en même temps que ses aspirations lyriques. On l'a accusé de man-
quer d'idéal et d'élévation justement là où
il en montrait le plus. Étrange confusion,
résultat de doctrines surannées, que chacun répète sans les comprendre, et qui

6

met la fin de l'art dans un dictionnaire de formules.

Je ne veux rien déguiser pourtant des défauts et des défaillances de M. Delacroix. C'est le propre du génie de commettre des fautes plus grosses que celles de la médiocrité. Travailleur énergique, mais, je le répète, presque toujours inquiet et impatient, l'illustre maître n'a pas toujours possédé la force de maintenir ses facultés en équilibre. Dans son œuvre, une des plus considérables de ce temps-ci, les progrès s'achètent parfois aux dépens de qualités nécessaires dont l'artiste semble vouloir se débarrasser comme d'un bagage inopportun. Par exemple, j'étonnerai peut-être beaucoup d'honnêtes amateurs en leur déclarant que M. Delacroix a possédé à une certaine époque de rares qualités de dessinateur, qu'on chercherait vainement dans ses dernières productions. On trouve, dans le *Dante et Virgile*, dans le *Massacre de Scio*, dans la *Barricade*, des parties de dessin d'une énergie, d'une largeur et d'un style admirables, notamment dans cette toile, et particulièrement dans les têtes. A mesure qu'il est devenu plus fort dans l'entente du tableau, il a négligé cette importante partie de l'art, au point de ne plus dessiner que *de pratique* et de négliger complétement les têtes. C'est là une faute grave et inexplicable chez un maître interprète à la fois ingénieux, profond et dramatique, entre tous, des passions humaines et des poëtes les plus sublimes.

Je doute aussi qu'il puisse retrouver, depuis qu'il s'est surtout consacré à la peinture murale, cette fleur de naïveté

qui donne un charme si saisissant et si
original à ses petites compositions. La
Mort de Valentin est, si je ne me trompe,
le dernier de ses chefs-d'œuvre; elle date
déjà d'une dizaine d'années.

M. Delacroix est accepté maintenant
comme le plus grand coloriste des peintres contemporains. Ce n'est pas assez
l'estimer. Aucun maître de l'École française ne l'égale dans cette partie de l'art,
et je ne crois pas hasarder une bien grande
témérité en disant qu'il s'y montre aussi
savant que les plus illustres des écoles
étrangères.

Personne avant lui n'avait tiré un aussi
grand parti de la couleur; personne ne lui
avait fait parler, si je puis m'exprimer ainsi,
un langage si divers et si bien en harmonie avec les sujets de ses compositions.

DESGOFFE (Alexandre), élève de M. Ingres, le premier des paysagistes gris; ceci
soit dit sans calembour, car sa peinture
est un modèle de sagesse. M. Edmond
About a fait beaucoup d'efforts et dépensé
beaucoup d'esprit à nous vanter comme
un homme de génie ce peintre d'un talent honnête et consciencieusement four-
voyé. Pour arriver à ce but qu'il n'a pas
atteint, le critique du *Moniteur* s'est vu
forcé de dire du mal de la couleur. Il n'est
pas le premier qui ait traité la couleur
comme une grande dévergondée, facile à
conquérir, qui se livre au premier rapin
venu sans la moindre résistance.

Cela tient simplement à ce qu'on ne
sait pas ce que c'est que la couleur.

Notez que tous les gens qui admirent
si fort la tonalité gris-jaune de M. Desgoffe sont les mêmes qui se pâment

d'admiration devant les Claude-Lorrain.

Sans doute Claude Lorrain avait une admirable entente des plans, mais c'est avec la lumière qu'il dessinait, bien plus qu'avec son crayon; il n'avait pas imaginé qu'on pût se passer de lumière dans un paysage; personne ne s'est imaginé cela non plus avant M. Ingres. Les paysagistes de l'Empire étaient convaincus qu'ils étaient de fort savants coloristes, et j'ai vu des Salons du commencement de la Restauration où on vantait avec enthousiasme « la séduisante harmonie des toiles de Michallon. »

En réalité, M. Desgoffe, — après M. Aligny toutefois, — est de tous les paysagistes de style celui qui dessine avec le plus de fermeté et de tournure. Ses terrains sont plus solides que ceux de M. Flandrin, ses silhouettes d'arbres mieux étudiées,

et il bâtit parfois des rochers qui font son-
ger aux premiers plans du Poussin. Malheureusement ces rochers, ces arbres,
ces terrains, semblent pris dans un dictionnaire à l'usage des paysagistes historiques.

D'ailleurs, c'est une étrange idée de nier
la lumière, ou d'affecter de la dédaigner,
et de remplacer le soleil de la nature par
une lanterne sourde.

DESJOBERT (Louis-Remy-Eugène). — Un
paysagiste d'un talent réel que j'ai oublié,
— comme bien d'autres, — dans ma revue
du Salon de 1857. — Il avait exposé entre autres tableaux une toile intitulée *un
Pont rompu*, d'une exécution remarqua-
blement élégante, consciencieuse et habile. Telles sont, avec beaucoup de
goût, les qualités principales de Desjobert.

Pourquoi avec tout cela n'est-il pas cité au premier rang ? Peut-être par suite d'une certaine hésitation à prendre un parti bien net et bien décidé, ce qui est un défaut, et à cause de l'absence de charlatanisme, ce qui est une qualité, — mais nuisible — aux intérêts de ceux qui la possèdent.

DEVEDEUX (Louis). — Supposez ce que serait un ragoût composé de gelée de groseille, d'angélique et de cervelas à l'ail, et vous aurez une idée de la cuisine pittoresque de M. Devedeux. Cet artiste a imaginé d'employer la palette de Diaz, — en en faussant l'harmonie, — à colorier des images qui semblent destinées pour des lithographies en vogue dans le quartier Bréda. Ce mélange, odieusement fade, est, paraît-il, fort recherché des coulissiers devenus millionnaires, ou à peu près, et de leurs épouses, — et surtout des rivales de leurs épouses.

M. Devedeux est Auvergnat; c'est en même temps, comme on disait de Lagrenée à la fin du dix-huitième siècle, « le peintre des Grâces » du beau monde de 1857.

DEVERIA (Eugène). — Un homme tombé, qu'il faut saluer avec respect, parce qu'il fut, comme Louis Boulanger, un des plus vaillants soldats de l'armée romantique. A l'âge où la plupart des artistes ne sont que des élèves, il avait produit un tableau, la *Naissance de Henri IV* (musée du Luxembourg), qui le fit accepter comme un maître par tous ses condisciples. C'était l'exagération d'un enthousiasme d'ailleurs fort légitime. Pour maître, il ne l'était pas

encore, mais il aurait pu et dû le devenir.
Aucun artiste n'a donné plus d'espérances
que ce jeune homme, un enfant par l'âge,
débutant au Salon avec une toile pleine de
réminiscences flamandes et vénitiennes,
de verve pittoresque, d'audace, et peinte
avec une maestria dont personne, excepté
Delacroix, n'aurait pu donner l'exemple.

Que sont devenues ces espérances, et
pourquoi ont-elles avorté? Je l'ignore. Si
j'étais biographe, je le dirais quand même,
en citant une historiette quelconque à l'ap-
pui de mon opinion, et bien déshonorante
pour l'artiste. Mais ce n'est pas mon état.
En attendant, il faut bien constater
que M. Eug. Deveria ne s'est pas main-
tenu à la hauteur où il avait atteint du
premier coup. On doit pourtant encore
citer une remarquable toile de lui au musée de Versailles, *Louis-Philippe prêtant*

serment à la charte constitutionnelle, qui est certainement un des meilleurs morceaux de cette galerie historique deux ou trois cents fois trop riche.

La gloire de M. Deveria remonte au temps des barbes moyen àge, des feutres pointus, des souliers à la poulaine, et des redingotes de velours taillées en pourpoint. Les artistes de 1830 s'efforçaient de ressembler à leurs maitres de la Renaissance, comme ceux-ci aux Grecs et aux Romains. On en a ri. Sans doute cela prêtait à la charge, mais ce n'était pas plus laid qu'autre chose, et traduisait des tendances et des aspirations très-sincères. Aujourd'hui notre costume est bète; rien de plus naturel non plus, il exprime la bètise et la platitude universelles.

On a donné dans l'atelier des élèves de M. Eug. Deveria des fètes vénitiennes, où tous les convives étaient habillés comme les personnages des noces de Cana. Un de mes amis, alors très-jeune rapin, a figuré dans une de ces solennités romantiques, vêtu, comme un page de Véronèse, d'un justaucorps et de chausses mi-parties, et tenant en laisse, ainsi qu'un de ses camarades, deux lévriers, pendant que les seigneurs, — des rapins chevelus et barbus, — et leurs dames, — des modèles du quartier du Luxembourg, — commettaient l'effroyable anachronisme de brûler du punch dans des saladiers de terre de pipe.

DEVERIA (ACHILLE). — Frère du précédent, aujourd'hui conservateur au cabinet des estampes de la Bibliothèque de la rue Richelieu.

M. Achille Deveria, par un dévouement

fraternel fort louable (ceci est de la vie privée, j'en conviens, mais je n'en rougis pas), s'était réservé l'humble tâche. A Eugène il avait abandonné la part de gloire et de renommée qui aurait pu revenir à tous les deux, il lui avait laissé le domaine de la peinture, se contentant du crayon de lithographe. Aujourd'hui ses œuvres commencent à être recherchées des collectionneurs intelligents. Elles le méritent à plus d'un titre.

M. Ach. Deveria a dessiné d'un crayon qui manque parfois de souplesse, mais non d'originalité, des scènes de la vie bourgeoise, des sujets historiques, des illustrations et des portraits. Beaucoup de ses compositions sont fort remarquables et presque toujours traitées avec un vif sentiment de l'effet et de l'arrangement. Comme l'œuvre de Gavarni et de Daumier, elles serviront à écrire l'histoire intime de ce temps-ci.

DIAZ (NARCISSE *de la Peña et de bien d'autres lieux*, selon un livret de je ne sais plus quel salon, que je n'ai pas sous les yeux). — Aujourd'hui il se contente de signer Diaz tout court, et il fait bien, car c'est ainsi qu'il arrivera à la postérité.

Il y arrivera, quoi qu'il fasse aujourd'hui pour s'enterrer vivant.

Le Diaz d'autrefois, le vrai, le seul vrai, n'existe plus en effet à cette heure; il est remplacé par un autre, qui porte le même nom, qui est peut-être la même personne, mais qui n'a pourtant avec le premier qu'une vague et lointaine ressemblance.

Le premier Diaz aurait été, s'il l'avait voulu, peut-être le plus grand paysagiste de son temps. Personne mieux que lui ne savait faire ruisseler les filets d'or de la lumière sous la voûte humide d'un taillis, sur les mousses vertes d'un gazon et les tapis de bruyères violettes. Personne encore n'avait revêtu d'habits plus splendides, de couleurs plus chatoyantes, des petits Turcs plus mal bâtis et plus mal emmanchés, mais charmants dans leur audacieuse et outrecuidante difformité de dessin.

Le second Diaz a abandonné cette voie originale où personne ne l'avait précédé, pour marcher dans l'ornière de Corrége et de Proudhon, mais pour y marcher à l'aveugle, et sans rien savoir du chemin tracé par ces deux illustres maîtres. Il ne le saura jamais, ce sera sa punition. Il n'est permis à personne d'être ingrat, même envers soi-même.

DURAND-BRAGER. — Peintre de marine. Peinture d'état-major : célérité, exactitude et propreté. — Décoré de la Légion d'honneur.

DUVEAU (Louis). — Élève de M. Léon Cognet. Qui est-ce qui ne se souvient pas de la *Perte d'Elliant*, qui valut à l'auteur une médaille d'or au Salon de 1857 ? M. Louis Duveau possède au plus haut degré le sentiment pittoresque, et il a le don de l'invention. J'en appelle à ceux qui ont vu son *Viatique* à l'exposition de l'an dernier. C'est un esprit primesautier, ingénieux et fécond, qui aurait gravi les plus fiers sommets s'il avait essayé plus tôt de se débarrasser du *pot au noir* de l'école Cognet, et s'il voulait simplifier son dessin, qu'il croit rendre plus énergique en *cahotant* ses contours et en *trouant* son modelé. — Il le voudra certainement un jour.

DUBUFE père et fils. — Les critiques ont dit beaucoup trop de mal de la peinture de ces deux artistes. Selon moi, leurs œuvres ont ce mérite d'avoir un caractère et une physionomie. On dit que c'est une physionomie et un caractère bourgeois. Assurément. Mais examinons un peu la tête et les allures des gens qui font ce reproche aux deux artistes, et vous verrez si ceux-ci sont tellement condamnables qu'on le prétend. — Chevaliers de la Légion d'honneur.

DUMARESCQ (Armand).—Élève de M. Couture. Ce jeune artiste applique le gratin de l'atelier Couture à des scènes de la vie militaire.

7

DUMAS (Antoine). — Un peintre de conscience et de talent, qui peint des scènes et des paysages espagnols avec naturel, un juste sentiment d'observation, peut-être un peu d'hésitation dans le dessin, mais un très-bon sentiment de couleur.

DUVAL LE CAMUS. — Peintre à sujets. — Genre pendule.

E

ÉTEX (Antoine). — Élève de M. Dupaty, de Pradier et de M. Ingres. M. Étex est à la fois peintre, sculpteur, graveur et architecte. Absolument comme Michel-Ange. De plus que le grand Florentin, il écrit des livres d'esthétique élémentaire, et il prononce sur la tombe de ses confrères des discours qu'il fait imprimer dans les journaux. Ce serait à rendre jaloux l'ombre de Michel-Ange, si, comme toutes les ombres, elle n'était au-dessus des passions humaines.

Cela n'empêche pas M. Étex d'avoir composé le beau groupe de Caïn, et modelé plusieurs bustes très-remarquables, notamment celui de Pierre Leroux. Comme peintre, il fait des tableaux verts, — à cause du grand style. — M. Ingres pleure d'admiration en les voyant; M. Ingres est si sensible !

EUSTACHE LORSAY. — Un peintre de genre médiocre, mais un dessinateur de vignettes assez habile. M. Eustache Lorsay s'est fait le Van Dyck des auteurs contemporains, dont il représente très-fidèlement les costumes.

F

FAUVELET (Jean), voir **CHAVET**. — Il y a pourtant des différences. Le *gris* de M. Fauvelet tire plus sur le lilas que celui de son confrère.

FEROGIO (Fortuné). — Peint des pastels, mais dessine surtout des lithographies, représentant des paysages composés, ornés de figures, qu'on voit à la vitre de tous les marchands d'estampes.

FISCHER (George-Alexandre). — Un peintre de race, et coloriste.

FLANDIN (Eugène). — Peintures de voyage. Du ressort du ministère des Affaires étrangères plutôt que de la direction des Beaux-Arts.

FLANDRIN (Hippolyte).—Membre de l'Institut, chevalier de la Légion d'honneur. Le seul élève de M. Ingres, si je ne me trompe, qui soit arrivé à une réputation à peu près incontestée. Aux yeux du plus grand nombre, il passe pour un habile dessinateur; les architectes le prennent pour l'artiste le plus capable de se bien tirer d'une décoration murale.

Celle qu'il a exécutée à Saint-Vincent de Paul est, sans contredit, la meilleure page qu'ait produite son école. Cette longue procession de martyrs et de saintes qui se déroule le long des frises du temple, à la manière d'une antique *théorie*, a de l'aspect, de l'unité et du style. On y remarque des groupes d'un arrangement heureux, et l'œil et l'esprit n'y sont point agacés par les prétentieuses et pédantesques incohérences qu'on remarque dans les œuvres analogues des émules de M. Flandrin ; — par exemple, dans celles de M. Lehmann.

Une observation pourtant.

Je suis très-convaincu que M. Flandrin est un artiste honnête, laborieux et sincère. Il ne cherche pas la couleur, qu'il ne trouverait pas, ni l'effet, qui nuirait au style de ses compositions. En revanche, il a le sentiment de l'arrangement, et s'il ne dessine pas le *morceau* avec la supériorité qu'y apporte parfois son maître, il comprend mieux un ensemble, et ses compositions ont plus de jet et de naturel. Mais ne se donne-t-il pas beaucoup de commodités en simplifiant à l'excès le modelé, en supprimant la couleur et l'effet? Pour beaucoup de gens, cela s'appelle le grand style. Je reste néanmoins persuadé qu'une des choses les plus difficiles de l'art de peindre, c'est de peindre.

FLANDRIN (Paul). — Frère du précédent, comme lui décoré et futur membre de l'Institut. Paysagiste de style, — comme M. Desgoffe. Il y a entre eux pourtant de notables différences. J'ai dit que M. Desgoffe éclairait ses compositions d'une lanterne sourde, en guise de soleil; mais celle de M. Flandrin est en vert d'un gris bleuâtre, pâle et terne. Il dessine d'une façon molle, lourde, empâtée. — Chevalier de la Légion d'honneur.

FLERS (Camille). — Décoré de la Légion d'honneur. Un des doyens du paysage moderne. L'un des premiers, il rendit à la nature rustique et familière son costume avenant et négligé, dont l'avaient dépouillé les peintres de l'Empire pour l'affubler d'oripeaux pédantesques. Par là, il a rendu un grand service, dont tous les amis de l'art doivent se montrer reconnaissants.

Il peint d'une brosse agile, dans une gamme claire, mais un peu monotone, des cours de fermè aux toits de chaume, encombrées de fumiers où se vautrent les compagnons d'Ulysse après leur transformation, des mares brunes où barbottent des canards, des moulins cachés sous des saules, mirant leurs chevelures bleuâtres dans un ruisseau jaseur, avec des fonds de collines cultivées, étalant au soleil leurs damiers de luzernes vertes et de blés

fauves. Je le répète, cela est un peu monotone, cela ressemble un peu à de la
porcelaine, depuis quelques années surtout; mais cela est aimable, souriant, bonhomme et réjouissant à voir.

On a beaucoup parlé des animaux man-
geurs de glands qui illustrent les premiers
plans de M. Flers. D. Laverdant, faisant
la critique du Salon, dans la *Démocratie
pacifique*, en je ne sais plus quelle année,
s'était livré, à leur propos, à une pro-
fonde et savante dissertation, pour démontrer quel bel avenir était réservé à ces in-
téressants animaux, quand viendra l'âge
d'or du phalanstère. —Chevalier de la Légion d'honneur.

FORTIN (CHARLES). — Un vrai peintre,
celui-là; un talent modeste, sûr, éprouvé,
sincère entre tous. Il ne traite que des su-

jets bretons, et Dieu sait pourtant si on nous a assommés du crayon, du pinceau et de la plume, avec des compositions d'un goût et d'un style plus ou moins armoricains.

Les Bretons de M. Fortin sont vrais comme la nature, et ils sont admirablement peints. Ils n'ont rien des attitudes et des arrangements de convention des Bretons de vignettes et de romances. Leur père ne déguise rien de leur saleté ni de leur sauvagerie. Je ne trouve guère de défauts aux toiles de M. Fortin, sinon un peu de dureté dans l'exécution, et parfois des ombres un peu lourdes et noires. Encore l'artiste est-il chaque jour en progrès.

FRANÇAIS (FRANÇOIS-LOUIS). — Décoré de la Légion d'honneur. Qui est-ce qui se

rappelle un charmant paysage de cet artiste, exposé il y a une douzaine d'années?
Au premier plan, des marronniers en
dôme, à leur ombre deux amoureux, et au
fond la radieuse perspective de la vallée de
la Seine, depuis Saint-Cloud jusqu'aux horizons bleuâtres qui enferment la grande
ville, depuis Montmartre jusqu'aux collines du Père-Lachaise.

M. Français n'a jamais refait le pendant
de ce paysage. Depuis, il est allé en Italie.
Il est devenu plus habile et plus adroit;
mais il a bien rarement retrouvé le juste
accent qu'il avait su donner à la nature
parisienne, si je puis m'exprimer ainsi.
Sa couleur est devenue lourde et louche;
sa manière trahit l'abus de la touche et de
la facilité. Il s'est pourtant relevé à l'Exposition de l'an dernier. Il peut se tirer
de la voie où il s'est engagé, non sans suc-

ces auprès du public, car il produit des
œuvres, à mon avis, médiocres, avec beaucoup plus de talent, de science, d'esprit
et de goût qu'il ne lui en faudrait pour
exécuter des tableaux remarquables.

C'est un habile lithographe, et un très-
habile et très-élégant dessinateur sur bois.
Peut-être est-ce la lithographie qui nous
l'a gâté. A force de copier les œuvres des
autres, le sentiment de l'individualité va
chaque jour s'amoindrissant et s'effaçant;
il se perd dans la ficelle du métier.

FRÈRE (CHARLES-THÉODORE). — Cet artiste pourrait prendre un brevet de per-
fectionnement, s'il est vrai, comme on
l'assure, qu'on accorde des brevets à ceux-
là mêmes qui gâtent une invention.

Il a perfectionné la *pâte ferme* et le *gratin* de M. Decamps, de manière à les ren-

dre propres et appétissants aux honnêtes amateurs que révoltaient les rugosités de la peinture de l'auteur du *Supplice des crochets*. Il teint en violet ce que Decamps peint en jaune. C'est son originalité.

FRÈRE (ÉDOUARD). — Des berquinades, peintes sur des panneaux de quelques pouces, peints dans une gamme affaiblie, avec des fonds d'un gris de lin mélangé de couleur pelure d'oignon. Cela plaît aux âmes sensibles et aux vues délicates qui redoutent l'éclat et la trop vive lumière. — Chevalier de la Légion d'honneur.

FROMENTIN (EUGÈNE). — Un peintre d'un grand talent, et qui grandira encore; un homme d'infiniment d'esprit, par-dessus le marché, ce qui ne gâte rien, malgré

l'avis de beaucoup de ses confrères inté-
ressés à professer une autre doctrine.

M. Fromentin a écrit un livre sur le Sa-
hara algérien, où il a, du premier coup,
démontré aux littérateurs pittoresques
qu'il serait leur maître quand il le vou-
drait. Il peint avec la plume mieux qu'eux,
d'une façon plus riche, plus expressive, et
pourtant plus nette et plus simple, cent
fois moins diffuse. Montrant par là qu'un
tout petit diamant jette cent fois plus d'é-
clat qu'un tombereau de strass.

Ses tableaux ont les qualités de son livre. C'est un des rares coloristes de ce
temps-ci, plein de finesse et d'éclat à la
fois. Son dessin manque de correction,
mais il offre de rares qualités d'élégance
et d'esprit.

Je le répète, je crois beaucoup à l'avenir de M. Fromentin. Son présent est beau

déjà; il montre que l'artiste a non-seulement le mérite de l'exécution, mais l'imagination, le goût et la poésie.

G

GALIMARD. — Pourquoi rit-on de M. Galimard quand on parle gravement de
MM. A. Duval et autres archaïstes, dont
les productions sont tout aussi réjouissan-
tes? Je l'ai déjà dit, ce me semble; mais
on ne saurait trop le répéter : c'est une
injustice.

M. Galimard a un talent au moins égal
à celui de ces messieurs, presque pareil.
Il *fait* les vitraux d'une façon plus ortho-

doxe qu'eux. Dans la peinture de style, il mêle agréablement le coloris de feu Lancrenon au ton gris de l'école *catholique grecque* contemporaine. Mais il a trop fait parler de lui.

Comme M. Fromentin, il quitte parfois le pinceau pour la plume, et alors il écrit des articles d'art.

Si j'ai bonne mémoire, il a rédigé un Salon dans la *Patrie* et un Salon dans la *Revue des Beaux-Arts*. Le premier était signé *Judex*; le second, du nom de M. Galimard lui-même, sans déguisement ni faux nez.

Judex admirait fort la peinture de M. Galimard; de son côté, Galimard trouvait admirable la critique de Judex. C'était de la reconnaissance réciproque. On a pourtant eu l'injustice de les en blâmer.

GENDRON (Auguste). — Une intelligence élevée, une imagination poétique ; beaucoup d'invention et de goût d'arrangement. Certes, ce sont là des qualités et des plus hautes. M. Gendron les possède, et malgré cela il n'occupe pas dans l'art contemporain une place aussi belle que celle à laquelle il aurait pu et dû atteindre.

Il aime trop les fantômes.

Tous les goûts sont dans la nature, dit un proverbe ; — je conçois qu'on aime les willis, les fées des lacs et des torrents, et tous les personnages fantastiques, mais par trop diaphanes, de la poésie des ballades et des légendes; mais il ne faut en user que modérément ; — en abuser, c'est une faute. C'est celle de M. Gendron.

Ses défauts se trouvent à l'aise avec de pareils sujets; voilà peut-être pourquoi,

8

à son insu, il les traite de préférence à tous les autres. Le dessin de M. Gendron manque d'énergie et de précision, sa couleur de solidité et de puissance. Aussi aime-t-il mieux peindre des apparences que des réalités, des apparitions que des corps vivants.

Il peut plus et mieux. Qu'il se rappelle cette belle composition de Tibère, exposée il y a quatre ou cinq ans, qui n'était qu'une faible peinture, mais qui forçait tous les hommes intelligents à s'arrêter. Qu'il la recommence sur une plus grande toile, qu'il y mette tout ce qu'il peut acquérir encore de science et d'études, et il se rendra digne de lui-même. Il trouvera dans cette voie le véritable emploi de ses belles facultés.

GÉROME (Jean-Léon). — Nulle part autant que dans notre pays un homme de talent ne réussit à se faire louer des qualités qu'il affecte de posséder et qu'il n'a pas, au détriment de celles qu'il possède réellement.

C'est, dit-on, l'histoire de M. Cousin.

M. Cousin passe pour un grand philosophe, parce qu'il a écrit, dans des articles fort habilement faits, qu'il était un grand philosophe. En même temps que des articles, il imprimait, direz-vous, de gros livres où l'on pouvait facilement vérifier la preuve de ses assertions. Oui, mais on lisait les articles, on ne lisait pas les gros livres.

M. Gérôme ne saurait avoir tout à fait le même bonheur.

On a voulu faire de lui un peintre de grand style, le jour où il nous a montré deux études dessinées avec une certaine adresse de crayon, faiblement colorées d'un ton d'opale grisâtre et modelées avec finesse.

Il a peint depuis une grande toile, le *Siècle d'Auguste*, digne tout au plus d'un faible élève de M. Picot. C'est une erreur, a-t-on dit ; il se relèvera.

Il s'est relevé, en effet, en peignant un pierrot, un arlequin, un sauvage et un crispin au bal masqué.

Et le public de crier plus que jamais : Quel grand peintre que M. Gérôme ! Quel peintre savant, d'un style élevé, quel dessinateur ! etc.

Il me semble que j'entends applaudir un fort premier ténor chantant un couplet de vaudeville à la façon d'Arnal, et qu'on vanterait de posséder le grand style et la belle manière de Dupré.

En vérité, M. Gérôme possède un talent

d'une élégante propreté et un peu fade, qui le rend capable de dessiner de petits sujets. Il ne sait pas ce que c'est que la couleur, et il n'aura peut-être jamais l'entente des grandes machines. Aussi lui a-t-on commandé des peintures murales. — Chevalier de la Légion d'honneur.

GIGOUX (JEAN). — Auteur de la *Mort de Léonard de Vinci*, de *Cléopâtre essayant des poisons*, deux toiles très-remarquables et très-remarquées, pleines de promesses que leur auteur n'a pas tenues.

C'était un vrai peintre que J. Gigoux. Il avait le don de la couleur, et il avait cette très-rare et très-belle qualité de *peindre large*, qui semble naturelle aux Francs-Comtois ses compatriotes. Il dessinait avec infiniment de verve et de facilité, et il a signé un chef-d'œuvre, les *illustrations* de *Gil Blas* (édition Dubochet).

Où sont allées toutes les qualités de Gigoux? — Je n'en sais rien. — Pourquoi les a-t-il perdues? Parce qu'il est Franc-Comtois et par conséquent horloger, ce qui ne veut pas dire qu'il fasse ou raccommode des montres.

Je m'explique.

Tous les Francs-Comtois sont horlogers, tous sont mécaniciens : les laboureurs comme les banquiers, les artistes comme les écrivains, les philosophes comme les épiciers. Tous, comme les autres hommes, ils ont des qualités et des défauts; il y en a qui ont du génie comme Victor Hugo, d'autres qui sont des imbéciles, et que je ne veux pas nommer. Tous passent la meilleure partie de leur temps à chercher des combinaisons mathématiques et mécaniques qu'ils appliquent de gré ou de force à leur science, à leur industrie, à leurs systèmes philosophiques et sociaux. Tous ont plus ou moins trouvé le mouvement perpétuel ou la quadrature du cercle; ceux qui ne les ont pas trouvés les cherchent certainement.

Jean Gigoux ne m'a pas dit ce qu'il cherchait, et je n'ai pas l'honneur de le connaitre; mais je suis sûr qu'il est sur la trace de quelque grande mécanique applicable à la peinture.

Je n'hésite pas à dire que c'est un grand malheur. — Chevalier de la Légion d'honneur.

GIRARDET (Karl).—Élève de M. Cognet; chevalier de la Légion d'honneur. Une peinture prodigieusement propre, brossée avec beaucoup d'aplomb et de sécheresse,

d'un coloris jaune et brun qu'on trouve
agréable en Suisse, sa patrie. M. K. Girardet est un peintre de genre et un peintre
de voyage. Il peint tour à tour des scènes
et des paysages de Suisse, d'Égypte, de
France, d'Italie et d'Espagne, qui toutes
ont l'air d'avoir été prises dans le même
pays. Je dois pourtant à la vérité de dire
qu'il enlumine les nègres d'une couleur
plus foncée que celle qu'il donne aux vi-
sages européens. Grande probité de sa
part.

GIRARDET (Édouard).—Peintre de genre,
frère du précédent, moins populaire avec
un talent plus sérieux. D'abord, ses compositions ont un accent local très-saisissant, ses bonshommes ont l'air d'être tail-
lés au couteau, comme la nature suisse,
les salières et les coupe-papiers fabriqués

dans la patrie de Guillaume Tell. Ils sont en bois, cela est certain, mais avec cela ils ont un air naïf et vrai, et ils sont bien de leur pays.

GIRAUD (Charles).—Frère de M. Eugène Giraud; chevalier de la Légion d'honneur.

GIRAUD (Pierre-François-Eugène). *Id.*, décoré. — Très-populaire un moment comme auteur de deux tableaux égrillards, représentant des amours de gardes françaises qu'on a gravés et lithographiés à l'infini, et mis en pendules.

Un très-grand artiste, selon M. Dumas. A mon avis, un peintre exécrable, coloriste aigre et faux, mais parfois plein de verve, d'entrain et d'esprit. — Le Dubufe du pastel, avec un arrière-goût roman-

tique et théâtral. — Voir le portrait de
M. Mélingue.

GUILLEMIN (Eugène). — Peintures à sujets. Cet artiste traite de préférence les
sujets bretons qui plaisent aux âmes sensibles et aux auteurs d'opéras-comiques.
Chacun de ses tableaux est une romance.
Autrefois il prenait pour héros des militaires galants et passionnés; mais, le pan-
talon garance ayant passé de mode, il est
revenu au breton. Depuis il a fait une
excursion dans les pays basques.

M. Guillemin a un talent facile; il a de
l'adresse; il compose avec intelligence et
non sans esprit.

H

HAFFNER (Félix).— Un peintre alsacien, caractère franc et loyal. Sa peinture est comme son caractère, mais cela va jusqu'à l'extrême brutalité. Ce n'est pas lui qu'on accusera de fadeur. Il ne cherche pas les petits tons gris-perle, et il a horreur des mignardises de touche. Il ne marchande ni les violences de coloris ni les plus furieux coups de brosse. De là une manière un peu incohérente, mais hardie, naïve, et qui exprime la vérité, peut-être de façon à repousser les esprits timorés, mais bien-frappante, et qui touche le cœur et les yeux de ceux qui mettent la vérité au-dessus de tout.

Avec cela un sentiment poétique de la nature et de ses beautés les plus rustiques, un goût très-original, très-individuel, et une façon de voir et de comprendre les sujets qu'il traite, décidée et primesautière. — Jamais Haffner n'ira à l'Académie.

I

INGRES. — Membre de l'Institut, ancien directeur de l'École française à Rome, grand-croix de la Légion d'honneur.

Pour ses admirateurs et pour ses disciples, M. Ingres est le maître des maîtres contemporains. Il fait revivre les traditions des plus glorieuses écoles; il continue Phidias, Raphaël et le Poussin. Personne, parmi les artistes du dix-neuvième siècle, ne possède une science de dessin égale à la sienne; personne n'a comme lui le don de la ligne, ni ne s'élève aussi haut dans les pures régions de l'idéal.

Pour de moins enthousiastes, pour moi, par exemple, M. Ingres est un artiste d'une médiocre imagination, qui compose souvent fort mal, et avec une extrême difficulté. Il manque de cet esprit d'invention et de cette verve d'exécution qui sont la marque de tous les maîtres, grands ou petits. — C'est un homme de beaucoup de talent, néanmoins, et d'un talent fort têtu, quand il se trompe.

Il y a des choses que M. Ingres sait

mieux que personne, mais il en ignore un plus grand nombre qui sont pourtant indispensables. Par exemple, ce peintre, qui est le plus habile de nos dessinateurs en face de la nature, n'a jamais su ni pu mettre de l'unité dans le dessin de ses tableaux : l'amateur le moins clairvoyant pourrait désigner dans celles de ses œuvres les plus vantées les morceaux qui sont copiés d'après nature et ceux qui sont exécutés de pratique, — d'autant plus qu'ils le sont en général avec une ignorance rare, mal déguisée, sous des formules prétentieuses et outrecuidantes.

M. Ingres a fait plusieurs chefs-d'œuvre, parmi lesquels des portraits à l'huile, qui sont sans contredit les plus beaux portraits exécutés de nos jours, — et des portraits-croquis au crayon dignes des maîtres les plus illustres. — Dans ce genre, aujourd'hui en décadence, — il n'a pas de rival, bien qu'il donne parfois à ses modèles une chevelure en soie végétale et qu'il les fasse presque tous loucher.

L'auteur de la *Stratonice* est un peintre fort adroit. Cette faculté l'a poussé dans cette voie d'archaïsme où beaucoup de ses confrères ont glissé. Il est fondateur de cette école mi-païenne et mi-catholique qui croit reproduire le style et perpétuer les traditions d'une époque en copiant des costumes et des perruques, et des ameublements. Rarement M. Ingres a su donner à ses figures le caractère qui leur aurait convenu, excepté dans ses portraits et dans quelques têtes de l'*Apothéose d'Homère*.

Son tableau du *Martyre de saint Symphorien* résume à peu près toutes ses qualités et tous ses défauts. C'est une composition incohérente, où l'imitation de la statuaire grecque se mêle à la contrefaçon du style florentin, mais où la figure principale, celle du martyr, est pleine d'inspiration, de jet, d'une grande allure et d'un magnifique élan. Cette figure est une exception dans l'œuvre de l'artiste.

On l'a proclamé un homme d'un grand goût. Je ne saurais être tout à fait de cette opinion. M. Ingres a un goût parfois *rare*, si je puis m'exprimer ainsi, qui lui a fait protester, — par ses œuvres, — contre la banalité du style de l'École impériale, et qui l'a fait longtemps regarder comme un adversaire par l'Institut. Le docte corps voyait en lui un hérésiarque de dangereuse espèce, avant de l'accepter pour le suprême arbitre de l'art contemporain.

Très-souvent, M. Ingres manque de goût.

Tous les plus grands artistes ont leurs formules banales, — leurs *rengaines*, pour
employer un mot de l'argot des ateliers, —
mais où se montre encore la trace de leur
force et de leur génie. — Les rengaines
de M. Ingres sont de la pire espèce : il
remplace l'originalité par le baroque, et
les badauds d'admirer les figures de saints
ou de saintes, les dieux et les déesses, per-
pétuellement enrhumés du cerveau, aux
poignets engorgés, aux yeux de face dans
des têtes de profil, ses draperies prétentieuses, mais tirées à quatre épingles, mesquines, et souvent mal ajustées.

Pour moi, M. Ingres reste néanmoins de
la race des maîtres; mais je le place au
dernier rang parmi eux. Je crois que son
influence sur l'art contemporain a été plus
funeste qu'utile. L'école qu'il a fondée est
de celles où l'on passe pour savant sans

avoir besoin de rien apprendre, où l'esprit d'imitation remplace les véritables études, les études sérieuses.

Les peintres de la fin du dix-huitième siècle, où notre école nationale était en pleine décadence, où la *pratique* envahissait tous les ateliers, étaient en réalité des artistes laborieux, pleins de conscience et de respect pour la nature, si on les compare aux plus grands *ingristes*.

J

JACQUAND (Claudius). — Décoré de la Légion d'honneur. M. Jacquand, élève de l'école de Lyon, a obtenu pendant long-

temps des succès populaires pour avoir
introduit le mélodrame historique dans la
peinture. Sa manière montre bien qu'il est
d'un pays où l'on aime le solide. Aussi
fait-il des bonshommes en bois, habillés
de vêtements en cuir bouilli.

JADIN (Louis-Godefroid). — M. Jadin eut
de bonne heure une belle réputation. L'un
des premiers dans la nouvelle école, il
ressuscitait un genre longtemps abandonné, où les peintres Desportes et Oudry
avaient tenu le premier rang. Ses tableaux
de chasses ne méritent certainement pas
d'être mis à côté de ceux de ces habiles
maîtres. Il n'a jamais été et ne sera jamais comme eux un dessinateur savant,
précis et consciencieux. Mais il possède
un bon sentiment de couleur et brosse
avec une rare énergie les physionomies ca-

nines des meutes princières et aristocrati-
ques. Il entend bien la mise en scène et
se montre un arrangeur habile et pittoresque.

Il a fait dans le temps des paysages un
peu noirs, mais néanmoins d'un esprit saisissant et caractéristique. Aujourd'hui un
artiste d'un véritable talent, M. S. Marcel,
peint les fonds de tableaux de ses hallali
et de ses chasses à courre.

M. le duc d'Orléans avait beaucoup d'estime pour le talent de M. Jadin et d'amitié pour sa personne, et je crois que l'artiste n'a jamais eu qu'à se louer des procédés de ce prince. — Chevalier de la Légion d'honneur.

JALABERT (CHARLES-FRANÇOIS). — Peintre
de style. Il aime les sujets tristes, et les
traite tristement.

JANET-LANGE.—Dessinateur de vignettes (voir les gravures de l'*Illustration*, autrefois, maintenant du *Monde illustré*). Au Salon, M. Janet-Lange expose des tableaux officiels, conçus et exécutés dans le style d'un procès-verbal.

JOBBÉ-DUVAL. — Peintre de style, appartient à un noyau de l'école de M. Ingres, qui abuse d'André Chénier. Quoique peintre néo-grec, M. Jobbé-Duval a appris véritablement à dessiner, il l'a montré dans quelques parties de ses tableaux et dans plusieurs bon portraits.

K

KIORBOÉ (CHARLES-FRÉDÉRIC). — Il dessine avec assez d'exactitude et de facilité, et peint, dans une pâte légère jusqu'à l'inconsistance, des animaux bien observés.

L

LAEMLIN (ALEXANDRE). — Beaucoup d'imagination et de poésie, mais un penchant trop marqué pour les nuages. M. Laëmlin a le tort de peindre des visions, de vouloir comprendre l'Apocalypse. Il n'y a pas d'inconvénient à commenter l'Apocalypse dans un livre, mais c'est une tentative impossible en peinture.

D'autant plus que M. Laëmlin est véritablement artiste, il a le sentiment de la tournure, du caractère et du style, et il a fait des portraits très-remarquables par leur allure magistrale.

LAFAGE (Georges Laujol de). — Paysagiste de l'école Corot, bien qu'il soit élève de M. Diaz. Comme le premier, il peint dans une gamme un peu affaiblie les matins embrumés et les lueurs incertaines et troubles du crépuscule. Peut-être même les peint-il trop *troubles*.

LAMBERT (Eugène). — Élève de M. Dela-croix. Nommé plusieurs fois dans les livres de madame George Sand.

LAMBINET (Émile). — Qu'est-ce qui manque aux paysages de M. Lambinet?

Il sait son état, il est adroit, il comprend parfaitement comment on *fouille* un arbre, comment on crépit les murs blancs d'une ferme, comment on la coiffe d'un toit de chaume brodé de mousse, comment on l'entoure d'une haie vive plantée d'aubépines et de sureaux aux branches fleurs : il comprend tout cela et bien d'autres choses encore.

Par exemple, il n'est pas coloriste.

Tout le monde ne l'est pas, non plus; pourtant, parmi les artistes, beaucoup produisent des œuvres qui émeuvent et qui captivent.

Tout dans la nature, les choses les plus humbles comme les plus sublimes, s'embellit et s'éclaire d'un rayon de poésie, parfois fugitif et difficile à saisir.

M. Lambinet n'a jamais pu l'attraper.

LAMI (HENRI-EUGÈNE). — Un peintre qui fait des tableaux à l'huile, et des aquarelles exécutées comme des aquarelles anglaises, mais des meilleures, avec une élégance et une coquetterie toute françaises.

Il traite des sujets de la vie fashionable et des batailles. Cela est vif et spirituel, plein d'entrain et de verve, parfois un peu faux de ton, mais séduisant presque toujours. — Chevalier de la Légion d'honneur.

LANCELOT (CHARLES). — Un de nos plus habiles dessinateurs sur bois, en train

de devenir un bon peintre d'intérieur et
de paysage.

LANDÈCLE (Charles). — Peintre de genre
et de sujets religieux. Il plaît au monde
distingué par le style romance qu'il adapte
à toutes ses compositions. Ses saints ressemblent à des lorettes, et ses lorettes
vont évidemment à la grand'messe.

Le tout est d'une élégance fade et pré-
tentieuse, d'une harmonie fausse, mais
exécutée avec une certaine adresse.

LANJAC (Émile-François de).—Peintre du
turf. Il s'est fait le Van Dyck des sports-
man, et a acquis auprès d'eux une grande
réputation dans le portrait équestre.

LAPITO (Louis-Auguste). — Paysagiste
autrefois célèbre, maintenant dédaigné,

excepté dans les départements qui veulent des amateurs en arrière de vingt ans sur les modes de Paris.

M. Lapito, comme M. J. Coignet, appartient à cette école qui a succédé, sous la Restauration, à l'école impériale, et qui, sous prétexte que les adeptes de celle-ci ignoraient complétement l'art de peindre, ont créé ce que les rapins appelaient l'école de la *Crampe au doigt*. Leurs tableaux sont exécutés en *paraphes*, comme les modèles d'écriture de M. Prudhomme, élève de Brard et Saint-Omer. — Chevalier de la Légion d'honneur.

LARIVIÈRE. — Un homme consciencieux qui fait tout ce qui concerne la peinture officielle avec beaucoup d'exactitude et de probité. Il traite plus particulièrement le tableau d'église, les batailles et les portraits militaires, genres qui offrent beaucoup de débouchés. M. Larivière, en somme, est un homme de talent, mais d'un talent un peu vulgaire. — Naturellement chevalier de la Légion d'honneur.

LAVIEILLE (Eugène-Antoine-Samuel). — Un des premiers parmi nos jeunes paysagistes. Élève de M. Lorat, il doit à son maître, dont il ne se fait point l'imitateur, l'amour et le respect profond pour la nature qu'il met dans ses œuvres. C'est un artiste laborieux, un talent sincère et recueilli, qui grandira encore.

LAZERGES (Jean-Raymond-Hippolyte). — Tableaux d'église et sujets officiels, par commandes et sur mesure.

LECOINTE (Charles-Joseph). — Grand

prix de Rome. Paysagiste historique. Continue les traditions de M. N. Flandrin, avec plus de jaune, à cause du soleil d'Italie.

LECOMTE (ÉMILE). — Un peintre de genre devenu très-populaire pour la façon puissante dont il habille les personnages historiques. On le prend dans un certain monde pour un coloriste, parce qu'il sait très-adroitement faire chatoyer une robe de soie, reluire une frange d'or, étinceler un pommeau d'épée d'acier. En réalité, c'est un homme de talent.

LELEUX (ADOLPHE). — Il en est à sa seconde manière. J'aimais mieux, et de beaucoup, la première, où il aurait pu, à mon avis, devenir un artiste très-remarquable. Il n'avait qu'à chercher un peu plus de finesse dans le dessin, et plus de transparence pour ses ombres. Sa peinture, à cette époque, était d'ailleurs de l'excellente peinture, franche, naïve, large, d'une solide couleur, et vraie.

La transformation d'A. Leleux date de 1849, lors de l'Exposition, où il fit voir un tableau représentant une des journées de Juin, avec ce titre : le *Mot d'ordre*. C'était une composition dessinée avec une sorte de poésie brutale et un sentiment pittoresque sauvage et saisissant. Mais déjà les *dessous* manquaient à cette peinture; on ne sentait pas le corps humain sous les haillons déchiquetés des faubouriens. — Depuis, A. Leleux semble ne plus guère travailler que de mémoire. — Après avoir beaucoup observé, j'en suis sûr; — mais cela ne suffit pas au genre qu'il a adopté, et dans lequel peindre de pratique est un mauvais moyen. Sa manière actuelle n'a plus la solidité et la franchise qu'il possédait à ses débuts. Cela est regrettable, mais rien n'est perdu, car c'est un peintre.

LELEUX (Armand).—Frère du précédent. Un bon peintre de genre, qui exécute un peu lourdement et dans une gamme parfois trop violente, mais toujours avec une intelligente préoccupation de l'effet; des tableaux d'un genre rustique et familier, des épisodes de voyages très-estimés dans les ventes.

LEHMANN (Henri). — Un des élèves de M. Ingres qui sont arrivés le plus promptement aux commandes officielles. Avec la réputation d'un peintre préoccupé du grand style, c'est simplement un homme assez adroit; mais d'une adresse vulgaire, qui s'est fait une manière avec celle des Allemands modernes mélangée à celle de M. Ingres. Cet amalgame produit, à mon sens, un odieux résultat, mais qui plaît aux architectes, qui prennent cette cuisine pittoresque pour du grand style.

Un homme d'esprit, du reste, à ce qu'on m'assure, et qui a eu le bonheur de connaître des femmes d'esprit qui l'ont poussé.

Une anecdote :

Il y a huit ou neuf ans, j'avais vu dans les journaux que l'on venait d'ouvrir au public une chapelle décorée par M. Lehmann dans l'église de Saint-Méry. Je me rends aussitôt, en compagnie d'un de mes amis, un peintre coloriste, à l'église indiquée. Au moment où nous pénétrions dans la chapelle, nous nous apercevons que les peintures n'étaient pas finies, et que l'artiste y mettait la dernière main.

Comme nous allions nous retirer, M. Lhe-
mann vient à nous et nous engage, de la
façon la plus obligeante et la plus polie,
à regarder son œuvre.

En même temps il nous remet une petite planchette ; sur cette planchette, longue de huit à neuf pouces et large de six,
était collée une feuille de papier couverte
d'une écriture fine et serrée, avec ces
mots en tête : *Histoire du Saint-Esprit*.

Il aurait fallu une bonne demi-heure
pour lire tout cela. Mon ami et moi nous
nous contentons de regarder les peintures, quitte à ne pas comprendre les
sujets qu'elles représentaient, puisqu'ils
avaient besoin d'être si longuement expli-
qués.

Mes yeux et ceux de D.... tombèrent
alors sur les cartons qui avaient servi
pour l'exécution de ces peintures, et je

reconnus des têtes de modèles qui figuraient parmi les anges et les saints dessinés sur les murs.

Ces modèles n'étaient pas les premiers venus; aussi leurs noms étaient-ils écrits au bas de la feuille de papier où ils étaient crayonnés. C'étaient, si j'ai bonne mémoire :

Madame la comtesse d'Ayant ;

Madame la marquise Trivulce de Belgiojoso ;

Madame la comtesse de N....que ;

Avec des auréoles autour de leurs chevelures brunes et blondes.—Chevalier de la Légion d'honneur.

LEHMANN (Rudolphe). — Frère du précédent. M. Rudolphe Lehmann peint dans un *grand style*, et avec énormément de jaune de Naples, des paysannes de la campagne de Rome.

LENEPVEU (Jules-Eugène). — Grand prix de Rome.

LÉPAULLE (François-Guillaume-Gabriel). — Célèbre en son temps, et réputé coloriste pour avoir donné à des têtes de femmes du monde un teint enluminé des couleurs de l'arc-en-ciel.

LE POITEVIN (Eugène). — Peintre de genre et de marine. Un des plus adroits de ce temps. Il exécute, avec un coloris faux outre mesure, des petits tableaux amusants à voir, et touchés d'une façon preste et habile qui rappelle la manière des peintres français du dix-huitième siècle. Ses tableaux sont presque tous traduits par la lithographie et deviennent très-populaires. — Chevalier de la Légion d'honneur.

LEDOUX (Charles-Marie-Guillaume). — Un bon paysagiste, observateur exact et consciencieux. Une observation pourtant : il ne faut pas plus jouer avec certains tons verts qu'avec le feu.

LESCUYER (Mlle Léonie). — Respect aux dames, surtout quand elles sont demoiselles.

LAUBAN (Émile). — Chef de l'école de Marseille. Vous ne savez pas qu'il y a une école à Marseille, tron de l'air ? — Il y a de tout à Marseille, depuis qu'il y a de l'eau, et que la Durance, elle y vient sur des *aquéducs !*

M. Lauban s'applique à reproduire des vues et des sites provençaux. Il a du talent, un goût historique, et il saisit l'accent local de ce beau pays avec une certaine vérité, mais qui touche à la charge. Son dessin est encore plus maigre, plus efflanqué que les oliviers de sa patrie, sa couleur plus poudreuse que la route d'Aix.

LUMINAIS (Évariste-Vital.). — Tous sujets bretons. De la facilité, de l'adresse, un penchant pour la couleur qui n'est pas payé de retour. Il compose ses tableaux avec du goût, de l'intelligence et du sentiment ; mais il les dessine lourdement et les peint de même, dans une sorte de pâte qui ressemble à du mortier, et une assez grande inintelligence des valeurs de ton.

M

MAISON (Eugène). — L'un des derniers peintres néogothiques du dix-neuvième siècle. — Ses rivaux, à bien y regarder, sont des apostats. Voyez plutôt M. A. Duval, M. Galimard, tour à tour épris des miniatures ou des vitraux du moyen âge, et des fresques de Pompéi, du Giotto, de Cimabue et de Raphaël. M. Maison reste, lui seul, fidèle à sa toquade archaïque. Il confectionne exclusivement des triptyques ornés d'anges et de saints cagneux, et des tableaux à volets dont les personnages s'enlèvent sur des fonds d'or. Ce genre de peinture lui a valu l'approbation de M. de Falloux, l'estime de M. de Montalembert et l'admiration des fabriques.

MARÉCHAL (LAURENT-CHARLES). — L'Hercule du pastel. J'ai déjà eu occasion de dire combien l'admiration de M. About pour le talent de cet artiste me semblait exagérée. La question n'est pas, en effet, comme le prétend ce critique spirituel, de savoir si M. Maréchal donne à « ses pastels la vigueur de l'huile, » auquel cas il ferait mieux de peindre à l'huile qu'au pastel ; — mais simplement si leur auteur est un digne successeur de Latour et de la Rosalba.

A mon sens, les pastels de M. Maréchal sont, en effet, d'un ton assez vigoureux, mais lourd et opaque, d'un dessin tourmenté, modelé d'une façon monotone ;

— les chairs comme les draperies, les fonds et les accessoires. — C'est un artiste adroit dans le métier néanmoins, et qui, parfois, montre un véritable sentiment pittoresque.

M. Maréchal est aussi peintre de vitraux. On a d'abord beaucoup admiré ses travaux dans ce genre; on les loue moins aujourd'hui. La critique a reconnu qu'ils étaient conçus et exécutés dan un système faux et directement opposé à l'effet qu'on doit attendre d'une verrière. La coloration orangée de M. Maréchal blesse l'œil au lieu de le charmer, ses tons manquent de limpidité et ne se laissent pas traverser par la lumière.

MARTIN (Hugues). — Un paysagiste de talent. Une touche un peu lourde, mais de la verve et le sentiment de la nature.

MASSON (Bénédict).—Peintre, littérateur et ami de M. Alexandre Dumas. C'est un homme universel. Il peint le paysage et l'histoire, les sujets antiques, du moyen âge et contemporains, et dans toutes les manières et tous les styles. Il est coloriste comme Titien, dessinateur comme Michel-Ange, et je crois qu'il modèle comme Phidias. On m'a assuré qu'il faisait des vers. Je crois qu'il doit jouer d'un instrument quelconque et écrire des pensées profondes sur des albums.

En un mot, M. Bénédict sait ou fait tout ce qui concerne son état et possède tous les talents... de société.

MEISSONNIER (Jean-Louis-Ernest). — Officier de la Légion d'honneur. Lors de l'Exposition universelle, je visitais le Salon de peinture en compagnie d'un des amateurs de tableaux les plus connus de Paris. Arrivés devant les toiles de M. Meissonnier, nous nous arrêtâmes assez longuement ; et M. B... m'ayant demandé mon avis, je répondis par des éloges mêlés de presque autant de critiques. — Mon interlocuteur, lui, trouvait tout admirable. Le petit tableau de M. Meissonnier, représentant des *Joueurs de boules*, lui arrachait presque des larmes d'enthousiasme.

— C'est une œuvre en effet remarquable, lui répondis-je, pleine de physionomie et de finesse, d'un aspect vrai et très-saisissant, d'un dessin ferme, serré et presque large, malgré la dimension lilliputienne des figures. Chose bizarre ! cela est faux de ton et presque de lumière...

— Dites que c'est tout simplement une merveille, esprit grognon, interrompit

M. B... avec explosion. La preuve; c'est
que la reine d'Angleterre a payé ce tableau
20,000 francs, et que moi-même, moi qui
ne suis pas un souverain, je l'aurais presque acheté à ce prix-là.

— Voulez-vous être franc? repris-je à
mon tour. Supposez que M. Meissonnier
ait peint ses *Joueurs de boules* sur une
échelle cinq ou six fois plus grande, en
auriez-vous donné le même prix que du
petit cadre?

M. B... réfléchit un instant, puis ré-
pondit :

— Je suis sincère et je vous avouerai
que non. En toutes choses il faut payer
la rareté.

On voit, par cette anecdote, qu'une
grande partie du succès de M. Meissonnier
tient, comme celui de M. Hamon, à ce
qu'il a su se faire une *spécialité*. Il y a

néanmoins entre ces deux artistes de notables différences, outre celles du genre. M. Meissonnier est un homme de beaucoup de *talent*.

Malheureusement c'est un talent qui subit depuis quelque temps déjà des éclipses.

On l'a trop loué, et par conséquent mal.

Il a commencé par produire d'assez mauvais tableaux. Puis, un beau jour, il s'est révélé par une petite toile de quelques pouces, vraiment très-remarquable : le *Joueur de contrebasse*. On a fait tout de suite de l'artiste un très-grand maître, et on l'a proclamé l'héritier en ligne directe des peintres de genre flamands et hollandais.

Il ne leur ressemble guère, — et je ne lui en fais pas un crime. Car un de ses plus grands mérites, dans ses meilleures œuvres, c'est qu'il ne ressemble qu'à lui-même.

Ses bons tableaux ont, en général, les qualités que je reconnaissais à ses *Joueurs de boules*. Ses mauvais sont anticoloristes, avec une harmonie gelée-de-groseille et roussâtre, à faire croire qu'ils ont été cuits au four et enduits d'un vernis de porcelaine. Ces défauts sont surtout re-marquables dans ses grandes toiles (je dis grandes pour celles qui excèdent la di-mension ordinaire de ses œuvres) ; alors le dessin devient prodigieusement lourd et sec, l'exécution léchée et pénible.

Dans beaucoup de ses tableaux les plus recommandables, cet artiste pèche encore par des défauts et des affectations qu'on ne veut pas voir, et qui sont de grosses erreurs. Très-souvent, par exemple, ses personnages semblent noyés dans les fonds, et ses compositions manquent d'air. Il dessine avec un soin minutieux des bibelots microscopiques placés au dernier plan, tandis qu'il brosse avec négligence des accessoires jetés sur les devants de la toile.

MELIN (Joseph). — Un peintre d'histoire qui s'est fait peintre de chiens. Il a bien fait, car c'était un médiocre peintre d'histoire, et il tient une place honorable dans le nouveau genre qu'il a adopté.

C'est un coloriste très-faible, mais un dessinateur exact, qui saisit bien la physionomie.... de la race canine.

MERCEY (Frédéric le). — Chevalier de la Légion d'honneur. Quand nous aurons dit que M. Mercey est directeur des beaux-arts, le lecteur comprendra quels senti-

ments nous imposent le devoir de nous
taires sur les paysages de ce fonction-
naire.

MERINO (IGNACIO). — Un très-galant
homme et un peintre de talent. Il dessine
des tableaux de genre et des paysages
d'une façon encore hésitante et parfois
molle et lâche, mais il les peint avec un
bon sentiment de couleur, et il les compose avec un goût parfois très-original.

MILLET (JEAN-FRANÇOIS). — M. Millet,
dont le nom, j'en suis sûr, occupera une
très-grande place dans l'histoire de l'art
contemporain, a commencé par montrer
une adresse de main et une verve d'exécution peu communes. Il peignait avec
des montagnes d'empâtements, et il cherchait les beaux tons sur sa palette. Au-

jourd'hui son exécution vise à l'extrême simplicité et parfois l'exagère. On dirait un honnête homme, ivrogne en sa jeunesse, et qui ne veut plus boire que de l'eau. Une telle résolution est sans doute louable, mais elle fait de lui un triste convive à une table décemment joyeuse.

N'importe, M. Millet est un vrai peintre et un vrai poëte. Il s'est imaginé, et justement, qu'on pouvait traiter dans un grand style et sur le mode le plus élevé les scènes les plus habituelles de la vie des champs, et il s'en tire comme il lui semble qu'eussent fait les grands maîtres d'autrefois. Cela ne signifie pas qu'il abandonne son sentiment individuel pour emprunter celui des autres, ni qu'il pastiche leur manière et leur exécution, mais il tâche de voir comme il lui paraît qu'ils

auraient vu dans des circonstances iden-
tiques. C'est par là qu'il est de leur
race.

Tout en admirant les Florentins, M. Millet
ne croit pas qu'on doive sacrifier la couleur. Non que la sienne soit pompeuse et
séduisante; mais, en vrai peintre français,
il tâche de la mettre en parfaite harmonie
avec son dessin. Or, comme il dessine
avec une excessive sobriété de détails, ne
traduisant guère que les plus indispensables, ceux qui donnent l'accent et la physionomie, de même il peint dans une
gamme sobre, sans virulence de tons, où
la moindre note un peu vive résonne et
vibre.

Si je ne me trompe, c'était ce que faisaient les maîtres. Ainsi je voyais derniè-
rement chez Beugnet, dans la rue Laffitte,
une petite toile représentant une jeune

femme ravaudant des bas à côté d'un berceau, et à la lueur rougissante et bla-
farde d'une lampe, qui me rappelait bien
plus les noms les plus glorieux des grandes écoles que toutes les compositions
des élèves plus ou 'moins illustres de l'é-
cole de Rome.

MONTPEZAT (HENRI, comte de). — Peintre
de cheval, — comme on dit homme de
cheval. — N'est pas décoré (?).

MOTTEZ (VICTOR-LOUIS). — Peintre de style
(école Ingres), auteur de la décoration du
porche de Saint-Germain-l'Axerrois et d'un
portrait de Mlle Rachel, en stéarine. —
Chevalier de la Légion d'honneur, futur
membre de l'Institut.

MOZIN (CHARLES-LOUIS). — Peintre de
marines. Le plus adroit de tous.

MULLER (Charles-Louis). — Décoré de la Légion d'honneur, futur membre de l'Institut.

Il a commencé par un romantisme effréné, et outrageusement parodié Eug. Delacroix, puis il a copié le *Décaméron* de M. Winterhalter.

Un beau jour, il a côtoyé le domaine de M. Delaroche. A présent, il marche un peu dans le soulier de tout le monde, et il s'est fait une réputation presque populaire avec une manière banale, mais empreinte d'une habileté de main incontestable, d'ailleurs sans conviction, où tout est postiche et théâtral, le dessin, le senment et la couleur. — Il a beaucoup de travaux.

N

NAZON (François-Henri). — Auteur de paysages remarquables par leur accent de sincérité et souvent un très-grand sentiment poétique.

O

O'CONNELL (Mme Frédérique-Émilie-Auguste). — De braves critiques l'ont comparée à Rubens. Elle a peint l'an dernier un portrait de M. About, ressemblant assez à celui d'un chat roulé dans la farine, avec des yeux d'émail, qui eût fort étonné le maître d'Anvers.

OUVRIÉ (Justin). — Peintre de vues de ville. Il en a peint dans toutes les contrées du monde; elles se ressemblent toutes.

P

PALIZZI (Joseph). —Un excellent homme, dit le docteur Aussandon; un peintre de talent qui en aurait peut-être davantage si on n'avait pas vanté outre mesure son tableau intitulé le *Retour de l'abreuvoir*. Sa manière de peindre est lourde, aussi sa couleur; ses compositions manquent d'air, et il précipite ses plans les uns sur les autres : voilà pour les défauts. De la verve, de la facilité, parfois un bon sentiment pittoresque : voilà pour les qualités.

S

SIMON (Jean). — Des tableaux de fruits et de fleurs qu'on regarde à la loupe, d'une exécution prodigieuse dans les détails, mais qui montre que l'artiste ne sait pas

ce que c'est que l'ensemble d'un tableau.
C'est avec ces qualités qu'on saisit le public toujours, quoiqu'on puisse croire le contraire, toujours plus frappé des détails que de l'ensemble.

Aussi n'a-t-il jamais compris M. Eugène Delacroix.

SAINT-MARCEL (CHARLES-EDME). — Je ne sais pas ce qui manque à ses paysages pour être tout à fait admirables. M. Saint-Marcel possède un excellent et très-juste sentiment de la couleur. Son exécution est peut-être un peu lourde, mais consciencieuse, et rend bien ce qu'elle veut rendre; néanmoins il lui manque quelque chose :—le diable au corps, peut-être.

SALMON (THÉODORE). — Il s'est fait aussi

une *spécialité*. Il peint presque exclusivement des dindons. Les amateurs les goûtent. Quand par aventure il se hasarde à traiter d'autres sujets, les amateurs n'en veulent plus, fussent-ils le mieux exécutés du monde. C'est là son bonheur et son malheur à la fois; il est condamné aux dindons à perpétuité.

SAND (Maurice Dudevant).—Je voudrais bien savoir si on aurait jamais imprimé le nom de ce jeune peintre dans un journal, au cas où il n'eût pas été le fils de son illustre mère.

M. Maurice Sand alors eût été forcé d'apprendre à dessiner et à peindre pour parvenir à faire parler de lui.

SCHLESINGER (Maurice).—Peintre de tableaux égrillards, presque toujours gravés à l'*aqua tinta* ou lithographiés, et d'un débit assuré.

SCHOPIN (Henri-Frédéric).—Le clair de lune de M. H. Vernet.

SCHULER (Théophile).—L'espoir de l'Alsace, disent les écrivains de Strasbourg.

SERRES (C. de). — Auteur de la seule bonne copie de la *Ronde de nuit* que je connaisse. Un vrai portraitiste nourri des meilleures traditions, et coloriste de sentiment et de science.

SIEURAC (Henry). — Son tableau de la *Renaissance*, à l'Exposition de 1857, montrait, et d'une façon frappante, des qualités qui deviennent rares.

Une intelligente entente de tableaux

et des conditions de la peinture monumentale. Un grand sentiment de la couleur, de la tournure, avec une exécution large, nette, traduisant bien ce qu'elle veut dire, mérite indispensable à ce genre de peinture; le goût de l'arrangement, et l'intelligence des choses pittoresques.

Il y a beaucoup d'avenir chez M. Sieurac.

SCHEFFER (Ary). — Officier de la Légion d'honneur. Un esprit élevé, un beau caractère, enthousiaste de tout ce qui est noble et grand: une imagination poétique, alimentée par les meilleures lectures, et le fondateur d'une école déplorable, l'école de M. de Lamartine en peinture. Les disciples de M. de Lamartine écrivent en vers sans se douter de ce qu'est un vers; les imitateurs de M. Scheffer dessinent et peignent sans connaître les rudiments du dessin et de la peinture.

On se demande comment il se peut faire qu'un homme d'esprit et un poëte, qui passe sa vie à faire de la peinture, ne la fasse pas bonne. Cela tient simplement, — je l'ai dit, mais on ne saurait trop le redire, — à ce qu'il n'est pas peintre.

Un peintre se révèle, dans le moindre croquis, par l'accent d'un coup de crayon, par une touche, par un pli de draperie, par une boucle de cheveux, par moins que rien, mais qui montre et qui prouve un sentiment pittoresque de dessin, de couleur ou d'arrangement. Le fameux cercle d'Apelles est certainement une bourde, mais elle n'est néanmoins que l'exagération de la vérité.

M. Ary Scheffer, avant d'essayer la peinture pâle et effacée où il se complaît depuis déjà bien longtemps, avait débuté comme coloriste. Nous avons vu au Luxembourg un *Larmoyeur*, exécuté avec une intempérance de brosse et des prétentions rembranesques qui ont fait croire à beaucoup de gens que l'auteur était réellement ce qu'il pensait être lui-même. Les *Femmes Souliotes*, contemporaines du *Massacre de Scio*, eurent un grand succès pendant sept ou huit ans. Les esprits timides, qu'effarouchaient l'exécution et le sentiment pittoresques révolutionnaires d'E. Delacroix, voyaient dans le dernier de ces deux tableaux un Delacroix honnête et modéré, tout à fait conforme à leurs instincts, parce qu'il dessinait dans un goût de vignettes. Plus tard, notre artiste peignit en gris dans un style allemand moderne, tempéré par une forte dose du style romance, des sujets tirés de Gœthe, un *Saint Augustin avec sa mère*, et divers portraits. Je ne parle pas de ses tableaux de bataille au musée de Versailles.

En vérité, le dessin de M. A. Scheffer est insuffisant, mièvre et sans grand caractère. Sa couleur n'existe pas. On trouve dans ses toiles des intentions heureuses, et parfois des physionomies empreintes d'un bon sentiment (par exemple, dans son *Saint Augustin*) individuel. Mais le plus souvent il donne à ses figures des airs de tête *distingués* qui font de Faust un gentleman moderne travesti en Allemand du seizième siècle, de Marguerite une sous-maîtresse vaporeuse et poitrinaire; et de l'adorable Mignon une jeune première romantique du Gymnase.

SOUPLET (Louis-Ulysse). — Peintre de paysages et d'animaux. Une exécution

consciencieuse et habile, un juste sentiment d'observation et du naturel.

W

WATELET (Louis-Étienne).— Peintre de
paysages. Il dessine ordinairement des
moulins avec une chute d'eau. C'est sa
spécialité.—Chevalier de la Légion d'honneur.

WATTIER (Charles-Émile). — Chevalier
de la Légion d'honneur. Son nom a porté
malheur à M. Wattier, il s'est imaginé
que son talent comme son nom avait quelques rapports avec celui de Watteau. Il

s'est donc mis à peindre des bergeries et des pantalonnades, non sans esprit ni sans goût, mais dans une harmonie noire, verte et jaune, qui ne rappelle en rien l'un des plus charmants coloristes qui aient jamais existé.

Ce qui n'empêche pas M. Wattier d'être un homme de talent et de goût, d'un crayon très-habile à pasticher les maîtres français du dix-huitième siècle. En ce moment, il publie une série de lithographies (imitation de sanguine) d'après Boucher, très-bien comprises et exécutées dans la manière de ce peintre.

WINTERHALTER (François-Xavier).— Officier de la Légion d'honneur. M. Winterhalter est Allemand; il s'est fait le peintre ordinaire des princes et des souverains de France et d'Angleterre. On peut dire que sa manière tient de celles des deux pays.

Sa réputation fut consacrée en France, il y a une vingtaine d'années, par un tableau resté célèbre, le *Décaméron*, qu'on reverrait peut-être aujourd'hui avec moins d'enthousiasme. Je ne le connais, pour mon compte, que par la gravure, et l'on m'a dit qu'il ressemblait parfaitement, et comme goût et comme procédés d'exécution, à je ne sais plus quelle Napolitaine en jupon jaune qui fait partie depuis longtemps du fonds de magasin de M. Susse.

C'est une peinture sèche, exécutée très-adroitement, vêtue de papiers de couleur qui imitent les étoffes.

Mais je connais bien M. Winterhalter peintre de portraits.

Il en a fait un fort beau, il y a une douzaine d'années, celui de Mᵐᵉ la comtesse

Duchâtel, d'une exécution souple, grasse, et d'une bonne couleur.

Depuis, il nous a fait voir je ne sais combien de princes et de princesses, sans compter les ducs, les marquis et les lords, dans toutes les situations et dans tous les costumes, au berceau, à pied et à cheval, en négligé et en grande tenue. Dans ses portraits fort applaudis de la foule, gravés et lithographiés à l'infini, il y en a de remarquables, exécutés presque toujours en dépit de la peinture, d'une couleur extravagante, mais d'une certaine tournure, et d'une élégance de convention qui frappe le public.

Y

YVON (Adolphe). — M. Yvon avait rapporté de Russie, il y a une dizaine d'années, des études de paysans dessinées à plusieurs crayons, qui eurent un grand succès de caractère, de style et de tournure.

Plus tard, il exposa une suite de dessins sur des sujets tirés du Dante, qui furent aussi applaudis que ses Russes. A vrai dire, cela ne valait pas grand'chose; on y remarquait un mélange d'affectations florentines et des puérilités mesquines de dessin. Le modelé et les contours étaient durs, secs et carrés.

Il se fit ensuite peintre de batailles. C'est un homme qui se donne beaucoup de mal, et qui paraît, je crois, justifier le proverbe : « Quand on fait ce qu'on doit, on fait ce qu'on peut. » Dans mon opinion, on peut dire de lui ce qu'on dit des versificateurs qui ne sont pas poëtes et qui riment malgré Minerve.

M. Yvon fait son métier comme un autre, mais il compose sans souci des grandes masses et des grandes lignes; il continue à dessiner lourdement et d'une façon sèche et vide. Il peint dans une gamme outrageusement fausse, dont la note principale est un affreux ton violacé, assez pareil aux taches qu'un vin bleu laisse sur une nappe d'auberge.

Z

ZIEM (Félix): — M. Ziem obtint dès ses débuts un grand succès avec des vues de Venise, où l'on voulut reconnaître la main d'un successeur du Canaletto.

Rien ne ressemblait moins aux œuvres de ce grand artiste.

La couleur de M. Ziem avait de l'éclat, son harmonie était-brillante et dorée, sa manière grasse et adroite. C'est un homme qui *tripotait bien dans la pâte*, pour employer un horrible mot du jargon d'atelier. Il y tripotait trop, à mon sens, et faisait de ses tableaux de véritables chefs-d'œuvre. de pâtisserie.

La couleur aidait à la ressemblance. Ses monuments de Venise paraissaient construits en nougats et se mirer dans une mer d'absinthe et d'anisette.

Je suis heureux pourtant de déclarer que j'ai vu l'autre jour, chez Beugnet, une vue de Venise très-fine de ton, bien peinte, et dans un sentiment tout à fait nature.

Une bonne note pour l'avenir.

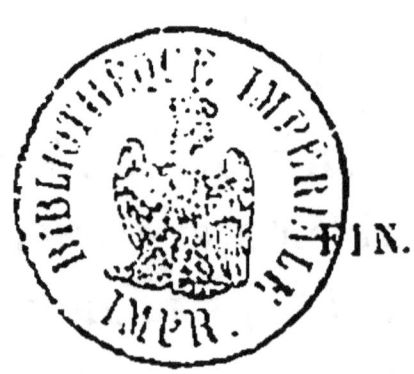

FIN.

ADOLPHE DELAHAYS, LIBRAIRE-ÉDITEUR

4-6, RUE VOLTAIRE, 4-6

NOUVELLES PUBLICATIONS

BUSSY-RABUTIN. Histoire amoureuse des Gaules, suivie de la France galante. Romans satiriques du dix-septième siècle, attribués au comte de Bussy; édition nouvelle avec des Notes et une Introduction, par A. Poitevin. 2 forts vol. in-16, papier vergé, collé, reliés en percaline. . . . . 8 fr.

LE MÊME. 2 forts vol. grand in-18 jésus vélin, glacé, satiné. . . . . 5 fr.

BRANTOME. Vie des Dames galantes. Nouvelle édition, revue d'après les meilleurs textes, avec une préface historique et des annotations par H. Vigneaux. 1 vol. in-16 de plus de 500 pages, papier vergé, collé, relié en percaline. . . . . 4 fr.

LE MÊME. 1 vol. grand in-18 jésus vélin, glacé, satiné. 2 fr.

LE MÊME. 1 vol. grand jésus vélin double. . . . . 5 fr.

JACOB (P. L.), bibliophile. **L'Heptaméron de la reine Marguerite d'Angoulême,** reine de Navarre. Nouvelle édition, revue sur le texte des anciens manuscrits, accompagnée de notes historiques et littéraires, et précédée d'une notice biographique et bibliographique, par P. L. Jacob, bibliophile. 1 fort vol. in-16 de 640 pages, papier vergé, collé, relié en percaline. . . . . 5 fr.

LE MÊME. 1 volume grand in-18 jésus vélin, glacé, satiné. . . . . 2 fr. 50

LE MÊME. 1 vol. grand in-18 jésus vélin double. . . . 5 fr.

BERGERAC (Cyrano de). **Histoire comique des États et Empires de la Lune et du Soleil.** Nouvelle édition, revue sur les éditions originales, accompagnée de notes et précédée d'une notice biographique, par P. L. Jacob, bi-

bliophile. 1 vol. in-16, papier vergé, collé, relié en percaline . . . . 4 fr.

LE MÊME. 1 vol. grand in-18 jésus vélin, glacé, satiné. 2 fr. 50

LE MÊME. 1 vol. grand in-18 jésus vélin double. . . . . . 5 fr.

La Vraie Histoire comique de Francion, composée par
Charles Sorel (sieur de Sauvigny). Nouvelle édition, avec
Avant-Propos et Notes par Émile Colombey. 1 fort vol.
in-16 de 544 pages, fig., papier vergé, collé, relié en percaline . . . . 5 fr.

LE MÊME OUVRAGE. 1 vol. grand in-18 jésus vélin, glacé, satiné . . . . 2 fr. 50

LE MÊME. 1 vol. grand in-18 jésus vélin double. . . 7 fr. 50

Les Aventures burlesques de Dassoucy. Nouvelle édition avec Préface et notes par Émile Colombey. 1 fort vol.
in-16 de 500 pages avec un portrait; papier vergé, collé,
relié en percaline . . . . 5 fr.

1° DASSOUCI EN VOYAGE. — Les deux pages de musique. — Le
cuistre cagot et l'illustre Savoyard. — Rencontre de Molière. — Dassoucy valet de chambre d'une abbesse. — Un loup-garou. — Comme
quoy Dassoucy ne fut pas brûlé à Montpellier. — Il est écorché vif
à Marseille.

2° TURIN, ROME ET PARIS. — Un voleur volé. — Dassoucy pris
pour un fantôme. — Le rhume de Pierrotin. — Le pâtissier du Parnasse. — Étrange fécondité d'un Auvergnat. — Les cachots du Saint-
Office, la Bastille et le Châtelet. — Dassoucy canonisé..... par lui-
même, etc., etc.

LE MÊME OUVRAGE. 1 vol. grand in-18 jésus vélin, glacé, satiné . . . . 2 fr. 50

LE MÊME. 1 vol. grand in-18 jésus vélin double. . . 7 fr. 50

Les Cent Nouvelles nouvelles, dites les *Cent Nouvelles
du roi Louis XI*. Nouvelle édition, revue sur l'édition originale, avec des notes et une introduction, par P. L. Jacob,
bibliophile. 1 fort vol. in-16 de près de 550 pages. Papier
vergé, collé, relié en percaline. . . . . 5 fr.

LE MÊME OUVRAGE. 1 volume grand in-18 jésus, glacé, satiné . . . . 2 fr. 50

LE MÊME. 1 vol. grand in-18 jésus vélin double. . . . . . 5 fr.

Œuvres comiques, galantes et littéraires de Cyrano de Bergerac, nouvelle édition, revue et publiée avec des notes, par P. L. Jacob, bibliophile, contenant : les lettres diverses, les lettres satiriques, les lettres amoureuses, les entretiens pointus, les poésies, le Ministre d'État flambé, le Pédant joué, comédie ; la Mort d'Agrippine, tragédie. 1 fort vol. in-16, papier vergé, collé, relié en percaline. . . . 4 fr.

Le même ouvrage. 1 vol. grand in-18 jésus vélin, glacé, satiné. . . . . 2 fr. 50

Le même. 1 vol. grand in-18 jésus vélin double. . . . . . 5 fr.

Ce qu'on voit dans les rues de Paris, par Victor Fournel. 1 vol. grand in-18. Prix. . . . . 2 fr.

> 1re partie. Les *Artistes nomades et l'Art populaire*. — Musiciens ambulants. — Orateurs et poëtes des Rues. — L'art dramatique en plein vent. — Industriels et saltimbanques. — Tout le long, le long des quais.

> 2e partie. L'*Odyssée d'un flâneur*. — Enseignes et affiches. — Petits métiers parisiens. — Balayeurs, chiffonniers, mendiants, cochers, gamins de Paris. — Le Temple et la Morgue. — Marchands de vins, cafés et restaurants. — Les bals publics. — Les Parisiennes peintes par elles-mêmes, etc., etc.

Curiosités de l'histoire des arts, par P. L. Jacob, bibliophile. 1 vol. in-18. . . . . 2 fr.

> Contenant : Notice sur le papier et le parchemin, Recherches sur les cartes à jouer, Origine de l'imprimerie, la Reliure avant le seizième siècle, Histoire de l'orfèvrerie, les Instruments de musique au moyen âge.

> Chaque partie est accompagnée d'une bibliographie.

Curiosités de l'histoire de France, par le bibliophile Jacob. Première série. 1 vol. in-18. . . . . 2 fr.

> Contenant dix dissertations historiques intitulées : la fête des Fous, le roi des Ribauds, les Francs-Taupins, les Fous des rois de France, le Journal de la santé de Louis XIV, les citoyens nobles de Perpignan, les registres du parlement de Paris, la liste des nobles de Dulaure, Emploi du temps dans les prisons d'État, la Chanson de Marlborough.

Deuxième série. 1 vol. in-18. . . . . 2 fr.

> Contenant le procès du maréchal de Rais, la mort tragique de la comtesse de Châteaubriand, la veuve de Molière, les deux Procès criminels du marquis de Sade, l'empoisonnement du serrurier Gamain, les deux Marat, André Chénier au tribunal révolutionnaire.

Curiosités de l'histoire du vieux Paris, par le MÊME, 1 vol. in-18. . . . . 2 fr.

Contenant : les Vieilles Rues de la Cité, Promenades dans Paris, les noms des rues, les rues suspectes, le pont Neuf, Bicêtre.

Ces volumes seront suivis de plusieurs autres de la même collection, savoir : CURIOSITÉS DE L'HISTOIRE DES MŒURS AU MOYEN AGE, CURIOSITÉS DE L'HISTOIRE DU MASQUE DE FER, CURIOSITÉS DE L'HISTOIRE DE MOLIÈRE, etc.

Ruelles, Salons et Cabarets, histoire anecdotique de la littérature française, par ÉMILE COLOMBEY. 1 vol. grand in-18. . . . . 2 fr.

Chez Conrart. — Un caprice de l'abbé de Boisrobert. — L'hôtel Rambouillet. — Les poëtes de cabaret. — Le Cormier et la Pomme de Pin. — La Fosse aux lions et l'Epée royale. — L'académie de la vicomtesse d'Auchy. — Richelieu et ses collaborateurs. — Les Mercuriales de Ménage. — Le Samedi de mademoiselle de Scudéry. — L'hôtel de la rue des Tournelles. — De Scarron à Gui-Patin. — Les Joueurs de quilles. — Mézerai et le cabaretier le Faucheur.

Ninon de Lenclos et sa cour, par ÉMILE COLOMBEY. 1 vol. grand in-18, jésus vélin. . . . . 2 fr.

Un rendez-vous d'affaires. — Le marquis d'Andelot. — La place Royale ; Miossens. — Le duc d'Enghien ; Saint-Évremont. — Le Cours-la-Reine ; Navaille ; les trois docteurs. — Villars-Orondate ; l'Archevêque de Lyon et le dernier des hommes. — Le coin du feu ; quatre victimes. — Les Minimes ; Jarzé ; le premier cheveu gris. — Le chevalier de Méré ; Coulon et d'Aubijoux ; la foire Saint-Germain. — Carrousse. — Anne d'Autriche ; Retz et la Rochefoucauld ; M. de Lenclos. — Le surintendant des finances. — Les Frondeurs chez d'Émery. — Ninon au couvent de Lagny. — Son impertinence ; le chevalier de Vassé ; un tour de page joué par un abbé. — Le marquis de Sévigné. — La Sablière ; le jardin de Thévenin l'oculiste. — Mort de M. de Lenclos ; d'Estrées et d'Effiat. — Un enfant joué aux dés ; Villarceaux ; Madame de Courcelles-Marguenat. — Madame Scarron ; Madame Cornuel. — Madame Louis XIV ; une escalade. — Gourville ; Christine de Suède. — Varicarnille et Chapelle ; sous la table. — Sous la porte. — Le grand pénitencier ; le marquis de la Châtre. Le duc de Longueville ; un mestre de champ et un danseur ; le comte de Sévigné et la Champmêlé. — Mademoiselle de Lenclos ; Voltaire.

PARIS. — TYP. SIMON RAÇON ET Cᵉ, RUE D'ERFURTH, 1.

www.ingramcontent.com/pod-product-compliance
Lightning Source LLC
Chambersburg PA
CBHW071536220526
45469CB00003B/807